KB253494

# 행복한 크리스천

일상을 기쁨으로 채우는 **35가지 묵상**

**김형원 목사** 지음

살림

# '이 세대'를 분별하고, 하나님의 눈으로
# 세상을 다시 바라보기를 소망하며……

캄캄한 밤이라도 산중이나 벌판에서는 밤하늘의 별을 식별하기가 쉽습니다. 그러나 주변에 전등이나 네온사인이 번쩍거리는 도심에서는 별을 보기가 힘듭니다. 어느 것이 우리를 인도해 줄 수 있는 진짜 별이고 어느 것이 우리를 현혹하는 불빛인지 분간하기가 어렵습니다.

세상이 복잡해지면서 정보와 자료는 많아졌지만, 그럴수록 우리의 분별력은 더욱 혼란스러워집니다. 그래서 우리는 '이 세대'의 유혹을 인식하지 못한 채 끌려가기 쉽습니다. 멋진 불꽃과 화려한 조명으로 치장한 유사 별들이 우리의 눈을 현혹해서 영 엉뚱한 곳으로 우리를 유인합니다. 그런 상태에서는 아무리 앞으로 나아가려 해도 헛수고일 뿐입니다.

"너희는 이 세대를 본받지 말고 오직 마음을 새롭게 함으로 변화를 받으라"는 권고는 바로 이런 상황에 처한 우리에게 적절한 말씀입니다. 마음이 새로워지지 않으면 현란한 불빛 속에서 진정한 별을 분별하기가 어렵기 때문입니다.

'마음이 새로워진다'는 것은 세상을 보는 관점을 바꾸는 것을 의미합니다. 생각하는 방식을 바꾸는 것입니다. 삶과 이 세상에서 일어나는 일들에 대한 판단의 기준을 바꾸는 것입니다. 그럴 때에 비로소 우리가 나가야 할 방향을 볼 수 있기 때문입니다.

이것이 참된 그리스도인이 된다는 의미입니다. 또한 그리스도의 마음을 품는다는 것의 실제입니다.

어떤 시인은 이렇게 간구합니다.

"영원에 잇대어 살아가게 하소서"

우리는 이 땅의 것들을 기준으로 살아가지 않습니다. 우리에게는 하늘과 연결된 끈이 있기 때문입니다. 이 세상을 바라보는 관점과 판단하는 기준을 제공해 주는 진정한 푯대와 연결된 끈이 있습니다. 그러나 세상의 많은 사람들은 자신들의 눈을 현혹하는 것들로 인해 영원과 연결된 줄을 놓친 것도 모르는 채 열심히만 살아가고 있습니다.

우리의 관점을 바꾸어야 합니다. 우리의 인식 기준을 변화시켜야 합니다. 우리의 생각하는 방식을 새롭게 해야 합니다.

그리고 그 변화된 눈으로 나 자신과 이웃과 세상을 다시 바라보아야 합니다.

그럴 때 우리를 사로잡으려는 '이 세대'의 정체를 파악할 수 있고, 영원한 푯대가 이끄는 방향으로 담대하게 이 세상을 살아갈 수 있게 됩니다.

이 글들은 우리를 현혹하는 '이 세대'의 유혹을 이겨내고 새롭게 된 마음으로 일상과 세상을 바라보고 생각하는 훈련을 위한 작은 시도입니다.

무엇보다도 먼저 이 글들은 나 자신을 훈련하기 위한 한 가지 시도였습니다. 그리고 이러한 훈련을 우리 교회 지체들도 함께 동참하기를 바라는 마음으로 교회 홈페이지에 게재하기 시작했습니다. 이제 우리와 함께 세상 속으로 보내심을 받아 "영원에 잇대어" 살아가는 법을 배우고 있는 사람들에게 이 훈련에 동참하기를 바라는 마음으로 일부를 정리해서 묶었습니다.

이 글들이 '이 세대'를 분별하고, 하나님의 눈으로 세상을 다시

바라보고, 우리를 영원에 잇대어 줄 별빛을 분별하여 자신들의 이
야기를 만드는 데 지렛대 역할을 할 수 있기를 바랍니다.


2006년 8월

김형원 목사

**행복한 크리스천**

일상을 기쁨으로 채우는 **35가지 묵상**

# chapter 1

# 일상의 기쁨

# Make a good day!

요즘 많이 듣는 말 중에 "좋은 하루를 보내세요(Have a good day)!"라는 인사말이 있습니다. 이 말은 좋은 하루가 되기를 기원하는 인사입니다. 그러나 '좋은 하루'는 그냥 주어지지 않습니다. 하루해가 밝았다고 저절로 좋은 하루가 되는 것은 아닙니다. 오히려 이런 인사가 우리의 삶에 더 필요한 것 같습니다.

"좋은 하루 만드세요(Make a good day)!"

말콤 머거리지(Malcolm Muggeridge)는 우리가 좋은 하루를 만들고자 할 때에 도움이 되는 말을 해주고 있습니다. "모든 사건들은 크든 작든 간에, 하나님께서 말씀하시는 비유들이다. 삶의 예술은 그 메시지를 취하는 것이다."

하루하루 우리 눈앞에는 많은 일들이 벌어지고 있습니다. 아침에 눈 뜨고 밤에 다시 눈 감는 순간까지 우리 앞에는 파노라마 같은 일들이 펼쳐집니다. 우리가 접하는 사람들이 많아지고, 우리가 손대는 일이 많아지고, 듣고 보는 일들이 많아질수록 그 속에서 하나님께서 일하고 계시는 모습을 볼 수 있는 기회가 그만큼 많아졌다고 볼 수 있습니다.

그런데 우리는 그 기회를 자주 놓쳐 버립니다. 눈앞에서 하나님의 의미 있는 메시지가 펼쳐져도 알아채지 못합니다. 하나님이 지나가도 보지 못합니다. 눈으로 보고 귀로는 듣되 그 의미를 깨닫지 못하는 것입니다. 그래서 셜록 홈즈가 이렇게 말했는지도 모릅니다.

"눈으로 보는 것과 관찰하는 것은 큰 차이가 있다네."

세미한 음성 중에서 말씀하시는 하나님, 작은 돌들을 통해서도 자신의 움직이심을 보여주시는 하나님, 눈에 띄지 않는 작은 사람들을 통해서 우리에게 메시지를 전하시는 하나님.

그냥 볼 때는 알아채지 못합니다. 좀 더 세심하게 관찰해야 보입니다. 그 일들을 하나님의 메시지로 보아야 들립니다. 그 비유들을 하나님의 마음으로 해석하려고 시도해 보아야 의미가 분명해집니다. 그리고 그렇게 할 때에 비로소 우리는 하나님의 음성과 하나님의 움직임에 둘러싸여 있다는 것을 알게 될 것입니다.

하루의 삶 속에서 하나님의 비유를 취하여, 그것을 재료로 좋은 하루를 만들고 아름다운 삶을 창조해가는 것. 바로 그것이 하나님께서 기대하시는 우리의 모습을 이루어 가는 길일 것입니다.

"Make a good day!"
"좋은 하루를 만드세요!"

# 일상의 기쁨

    좋은 일이 계속 일어난다고 해서 항상 기분 좋고 감사한 마음이 생기는 것은 아닌 것 같습니다.

    1시간이 넘도록 길에서 시달리면서 출근하던 사람이 이사를 하고 나서 20분 만에 직장에 도착하게 되면 기분이 매우 좋을 것입니다. 그러나 그러한 좋은 기분은 어느 날 길이 막혀 출근 시간이 30분으로 늘어나게 되면 짜증으로 바뀝니다. 이제 기준이 1시간이 아니라 20분으로 바뀌었기 때문입니다. 반대로, 출근 시간이 1시간이 넘는 사람이 어느 날 예상치 못하게 30분 만에 직장에 도착하게 되면 그 기분은 말할 수 없이, 아마 집을 가까운 곳으로 옮겨 20분 만에 직장에 도착하는 사람보다 훨씬 좋을 것입니다.

‘예기치 못한’ 기쁨은 정말로 강렬한 것입니다.

그래서 사람들이 ‘깜짝 파티’ 같은 것을 여는가 봅니다. 같은 파티라도 미리 알고 참석하면 그 기쁨이 약해진다는 것을 알기 때문이겠지요. 또한 하루하루 파티가 이어진다면 더 이상 파티가 아니라는 것도 알기 때문이겠지요.

미리 안다는 것은 기쁨의 강도를 떨어뜨리며, 또한 좋은 일을 늘상 경험한다는 것은 그 좋은 일에 대한 우리의 인식을 점점 마비시키는 작용을 합니다. 그래서 더 큰 기쁨을 맛보기 위해 더 큰 자극, 더 큰 예기치 못한 일을 찾게 됩니다. 일상화되어 버리면 그것은 이제 더는 기쁨의 원천이 아니라, 그것이 결여될 때에 나타나게 되는 짜증의 원인이 될 뿐입니다.

그러나 우리 삶의 모든 것과 마찬가지로 정말로 귀하고 중요한 것은 우리가 잘 인식하지 못하는 일상적인 것일 때가 많습니다.

숨 쉬는 공기와 마시는 물, 호흡하는 생명과 제 기능을 다하는 육체, 기억이 없을 때부터 받아온 부모의 사랑, 마음을 함께 할 수 있는 친구와의 동행, 생각할 수 있다는 것과 그 생각을 표현하고 실천할 수 있다는 것, 오감으로 느낄 수 있다는 것과 그것을 만족시킬 수 있는 무언가를 가지고 있다는 것, 무엇보다도 하나님의 자녀로서

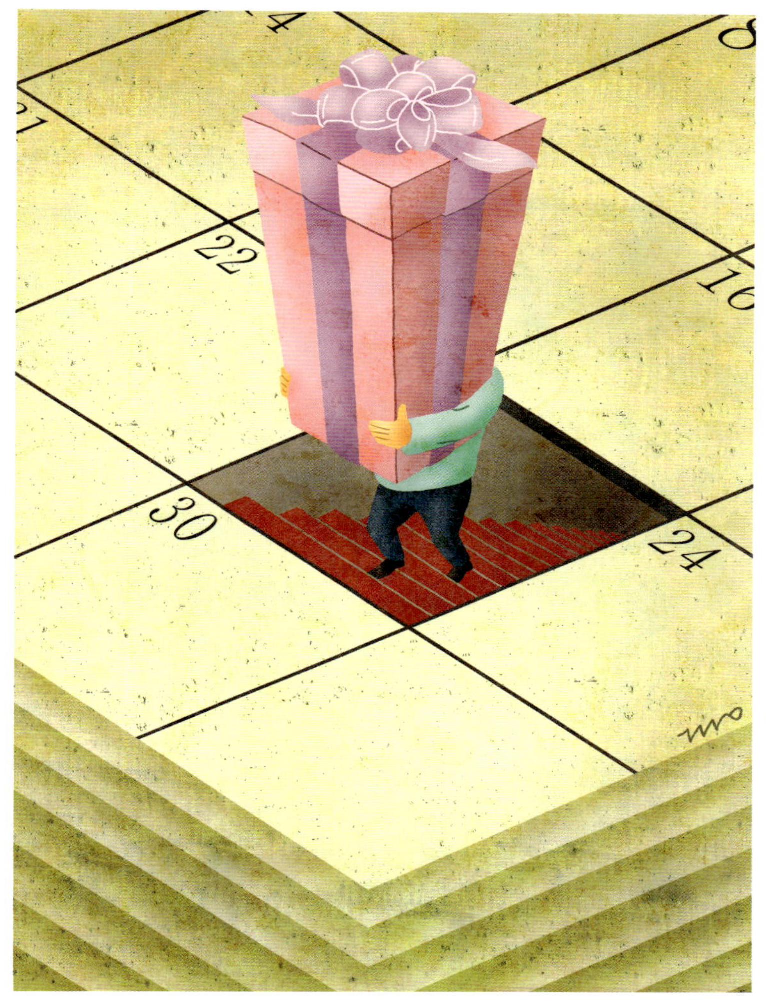

하루하루를 살아간다는 것과 하나님 나라의 아름다운 공동체의 지체가 되었다는 것, 등등.

가끔씩 이러한 일상적인 것을 돋보이게 하는 이벤트가 필요하기는 합니다. 이벤트는 먼지가 쌓이고 녹이 슬어 가려져 있던 귀한 것을 빛내고 광내어 그 원래의 멋진 모습을 되살리는 활동일 수 있습니다.

생일을 축하하면서 우리는 언제나 함께 있었던 그 사람, 그래서 우리가 잘 보지 못했던 그 사람의 진정한 모습을 발견하고 그가 태어나 우리와 함께 있음을 새삼 감사하게 됩니다.

결혼 10주년을 기념하면서 일상적으로 살아왔고 앞으로도 큰 변화 없이 함께 할 부부의 삶에 덮여 있었던 먼지를 털어내고 광을 내보는 것입니다. 이 모든 게 가끔 갖는 이벤트의 효과들이죠.

그러나 이벤트가 귀한 것의 가치 그 자체를 만들어내는 것은 아닙니다. 다만 우리 안에 죽어가는 감사의 마음을 일깨울 뿐입니다.

우리가 축하하는 그 사람은 언제나 우리 곁에 있었습니다. 우리가 기념하는 결혼식 날의 상대방은 언제나 나와 함께 삶을 나누어 왔습니다. 우리가 먹고 마시는 물과 공기는 우리가 의식하지 못할 만큼 깊숙이 우리의 삶에 들어와 자리 잡고 있는 귀한 것들입니다.

그러므로 물의 날, 환경의 날, 어버이의 날, 성탄절과 같은 날들이 스스로 그 날이 기념하는 것의 가치를 만들어내는 것은 아닙니다. 익숙하기 때문에 잊고 있었던 귀한 것들을 다시 우리 눈앞에 불러내서 우리 스스로를 일깨우는 역할을 하는 것이죠.

이벤트가 없어도, '깜짝 파티'가 없어도 우리를 둘러싼 아름다운 것들은 언제나 그 자리에 있으면서 감사의 눈길을 기다리고 있습니다. 우리의 눈길을 받아서 자신들이 무언가를 누리려는 것보다는 그렇게 함으로써 우리의 삶에 빛을 더하기를 바라는 마음으로 우리의 시선을 기다리고 있는 것이겠지요.

그러므로 아주 가끔 죽었다가 살아나는 것 같은 삶을 사는 것보다는, 졸린 듯 한 눈을 뜨고 우리 주위의 귀한 것들의 가치를 볼 수 있다면 우리의 하루하루의 삶은 훨씬 달라질 것입니다.

　우리나라에 테니스가 처음 소개되었을 때에, 서양 선교사들이 테니스 치는 모습을 본 양반들이 혀를 끌끌 찼다는 이야기는 널리 알려져 있습니다. 그들에게는 더운 대낮에 땀을 흘리면서 공을 쫓아다니는 모습이 너무나 안스러워 보였던 것입니다. 그래서 "그렇게 힘든 일은 하인에게나 시킬 일이지 ……. 쯧쯧" 하면서 혀를 찼다고 합니다. 선교사에게는 재미있는 테니스가 양반들의 눈에는 힘든 '일'로 보였던 것입니다.

　선교사들은 왜 힘들게 공을 쫓아 다녔을까요?
　한 마디로 그 맛과 재미를 알기 때문입니다. 어떤 사람들에게는 '일'처럼 보이는 것이 다른 사람들에게는 '재미와 즐거움'으로 여겨진다는 것입니다. 일처럼 보이는 것은 선뜻 하기가 쉽지 않습니다. 부담도 됩니다. 힘들다고 지레 짐작하기 때문입니다. 그러나 그 속에서 재미와 즐거움을 맛보게 되면 이제는 그것이 부담스런 일이 아니라 흥겨운 놀이로 변합니다.

그런데 이러한 재미와 즐거움은 배울 수 있는 것입니다. 어떤 운동이라도 조금만 배우고 나면 보기보다 훨씬 재미있다는 것을 알게 됩니다. 해보지 않고 판단할 때는 전혀 알지 못했던 재미와 기쁨을 느낄 수 있습니다. 그렇다고 해서 전혀 힘이 들지 않는다는 것은 아닙니다. 힘도 들고 땀도 납니다. 하고 나면 좀 피곤하기도 합니다. 그러나 재미를 느끼고 난 후에는 그것이 비록 힘들어도 하기 싫다는 마음이 생기지 않습니다. 동일한 일이라도 겉에서 볼 때와 직접 해볼 때 전혀 다른 느낌으로 다가오는 것입니다.

이는 단지 운동에만 국한되는 것은 아닌 것 같습니다. 삶의 많은 부분에서 우리는 이와 유사한 경험을 하게 됩니다.

겉으로 보기에는 힘들어 보이고 왜 하는지 이해되지 않는 일들이 많이 있습니다. 그러나 그러한 일들을 하는 사람들은 거기에서 재미와 즐거움을 느낀다고 합니다.

어떤 사람들은 시각장애인들을 위해서 책을 읽어주는 섬김이 즐

겁다고 합니다. 땀이 나기도 하고 힘들기도 하지만 그것을 상쇄하
고도 남는 즐거움과 보람을 느낀다고 합니다.

어떤 사람들은 평생 모은 재산을 고아원에 전액 기증하면서 너무
나 즐겁다고 합니다. 돈을 모을 때에는 힘들고 어렵지만 그렇게 해
서 번 돈을 선뜻 내놓는 일, 쉽지 않은 일이지만 그것을 뛰어 넘는
즐거움과 보람이 있다고 합니다.

어떤 사람들은 돈 많이 벌고 존경도 받을 수 있는 의사의 길을 버
리고 아프리카의 오지로 가서 봉사하면서 힘들고 어려운 삶을 자초
합니다. 그렇게 사는 것이 힘들고 어렵지만 그것을 뛰어 넘는 기쁨
과 보람과 즐거움이 있다고 합니다.

그리스도인의 삶도 이와 크게 다르지 않습니다.

그리스도인으로 사는 것이 남들이 볼 때에는 힘들고 어렵게 보일
지도 모릅니다. 화창한 주일 아침에 만사를 제쳐두고 교회에서 예
배드리는 것, 힘써 번 돈을 헌금으로 바치고 선교와 구제를 위해 내
어놓는 것, 온갖 수단과 방법을 다 써도 성공을 보장받기 어려운 세
상에서 정직과 공평의 원칙을 미련스럽게 지키면서 일 하는 것.

그러나 그리스도인들은 그 맛을 아는 사람들입니다. 하나님을 모
르는 사람들은 혀를 끌끌 차면서 미련하게 사는 우리들을 처량하게
바라볼지 모르지만, 우리는 그들이 모르는 재미와 기쁨을 맛본 사

람들입니다. 직접 해보지 않으면 전혀 알지 못하는 기쁨의 비결을 아는 사람들입니다.

물론 우리도 처음부터 이러한 기쁨을 안 것이 아닙니다. 예수님께서 먼저 이렇게 사는 삶 속에 기쁨이 있다는 것을 몸소 보여주셨기 때문에 알게 된 것입니다. 그분은 이 땅에서 더 많이 갖고, 더 많은 존경을 받고, 더 많은 권세를 행사하는 것에서 기쁨을 느끼지 않으셨습니다. 그분은 그것보다 더 큰 기쁨과 즐거움을 주는 것이 무엇인지 아셨습니다. 죄로 썩은 냄새가 나는 사람들을 찾아다니면서 그들에게 사랑과 은혜의 손길을 내미시는 것, 갈 길을 못 찾아 헤매는 사람들에게 진리의 복음을 전하고 그들을 영원한 생명의 길로 인도하기 위해 자신을 내어주는 것. 바로 거기에서 참된 기쁨과 즐거움을 느끼셨습니다. 다른 사람들은 결코 알 수 없는 기쁨이었습니다. 그 길을 따라가기 전에는 결코 경험하지 못할 즐거움이었습니다.

그리스도인이 누릴 수 있는 가장 큰 기쁨이 바로 이것입니다. 주님께서 우리가 직접 경험해 보기를 원하시는 것이 바로 이런 즐거움입니다.

"내가 너희에게 이러한 말을 한 것은, 내 기쁨이 너희 안에 있게 하고, 또 너희의 기쁨이 넘치게 하려는 것이다." (요 15:11)

당신이 누리는 기쁨의 원천은 무엇입니까? 그 기쁨을 얻기 위해 그 세계로 직접 뛰어 들지 않으시렵니까?

# 무의미가 이루는 의미

수학 문제를 앞에 두고 계속 씨름하다 보면 점점 회의가 들 때가 있습니다. "이 문제를 푸는 것이 내 삶에 무슨 의미가 있을까?"

회사에서 반복되는 일들을 아침부터 저녁까지 계속 하다보면 이것이 내가 기다려온 인생인가 하는 회의가 들기도 합니다.

집에서 식사 준비, 설거지, 청소, 아이들 돌보는 일을 날마다 반복하다 보면 내가 진정 의미 있는 삶을 살고 있나라는 생각이 듭니다.

"이런 일들을 계속한다는 것이 도대체 무슨 의미가 있을까?"

이렇듯 일상적인 시간 속에서 대부분의 삶은 무미건조하거나, 심지어 무의미하게 여겨집니다. 그러나 그것들이 모여서 능숙한 손에 의해 버무려지게 되면 전혀 예상치 못한 멋진 작품이 만들어지기도 합니다.

어느 유명한 요리사가 그녀가 만든 과자에 대해 칭찬을 듣자 다음과 같이 말했습니다.

"과자를 만드는 데 들어가는 재료들을 생각해 봅시다. 밀가루 자체가 훌륭한 맛을 내는 것도 아니고, 베이킹파우더나 쇼트닝, 그 밖의 다른 재료들도 그 자체로는 별 맛이 없죠. 그러나 이 재료들을 모두 한 데 섞어 오븐에 넣으면, 이렇게 멋진 과자가 되어 나온답니다."

우리가 의미 있는 결과라고 여기는 것들에 대해 잘 생각해 보면, 결국 무의미하게 보이는 작은 일들이 모여서 의미를 이루었다는 것을 확인할 수 있습니다.

아이를 키우는 일은 지루하고, 힘들고, 변화도 더디고, 흥미진진하지도 않은 날들의 연속입니다. 그러나 밥을 먹이고, 안아주고, 어르고, 놀아주고, 재워주는 등 별로 의미 있게 보이지 않던 일들 하나하나가 쌓이던 어느 날 멋진 사람이 눈앞에 서 있는 것을 보게 됩니다.

흙을 파내고, 벽돌을 나르고, 철근을 세우고, 못질을 하는 일들은, 그 자체로는 별로 의미를 찾기 어렵지만, 이들이 모여 멋진 건축물로 우리 눈앞에 나타납니다.

주된 테마를 잡기 위해 썼다 지우기를 몇 번씩 반복하면서 씨름하고, 그것에 맞추어 악기들이 연주할 부분들을 하나씩 생각하고, 그것을 음표로 악보에 채워 넣는 지루한 작업을 거치고 나면, 그 모

든 것들이 모여 우리를 환상의 세계로 이끌어주는 아름다운 교향곡의 멋진 선율로 태어나게 됩니다.

이처럼 우리의 삶도 무의미하게 보이는 작은 일들이 쌓여서 아름다운 인생이 되어갑니다.

완성품이 하늘에서 떨어지는 일은 결코 일어나지 않습니다.

어느 날 갑자기 내 인생이 하나님의 걸작품으로 바뀌지 않습니다.

우리의 삶 속에는 무의미하게 보이는 일들이 널려 있지만, 하나님께서는 결과적으로 기쁨의 잔치가 이루어지도록 우리 삶의 요소들을 연합시키시는 능력이 있습니다.

결국 중요한 것은, 나의 삶에 있어 작은 일일지라도 하나님께 드리는 재료라는 생각으로 성실하게 임하는 것이며, 낙심하지 말고 하나님의 변화의 터치를 기대하는 것입니다.

하나님은 지금도 그것들을 가지고 맛있는 과자들을 만들고 계시지만 아직 우리의 눈에 보이지 않을 뿐입니다. 다만 "주님의 시간에" "때가 찼을 때" 분명하게 나타날 것입니다.

그 때, 사람들은 내 인생이 만들어 내는 맛있는 과자를 맛보면서, 마치 그것이 하늘에서 갑자기 떨어진 것 같이 여기며 칭찬하겠지만, 우리는 그것이 어떤 재료로 만들어진 것인지 알기에 하나님의 놀라운 창조의 손길을 찬양하게 될 것입니다.

# 그리 아니 하실지라도

　행복에 대해 연구하는 학자들은 '행복' 이라는 감정의 원천에 대해서 두 가지 대립되는 주장을 합니다.

　어떤 학자들은, 행복은 살면서 기분 좋은 일이 생길 때에 찾아오는 감정이라고 주장합니다. 로또에 당첨됐다든지, 승진했다든지, 1등을 했다든지, 사랑하는 사람과 결혼을 했다든지 하는 어떤 구체적인 좋은 일이 일어날 때에 생기는 감정이 바로 행복이라는 것이죠.

　반면에 다른 학자들은 좋은 일로 인해서 행복한 감정이 생기는 것은 사실이지만, 그것은 그리 오래가지 못하며 그러한 구체적인 사건보다는 사물을 바라보는 관점에 근본적인 행복감이 달려 있다고 주장합니다. 좋은 것을 많이 가져도, 좋은 일이 많이 생겨도 더 많이 가진 사람과 비교하면 전혀 행복감을 느끼지 못하는 경우가 많기 때문이라는 것입니다.

이 두 가지 주장 모두가 진실을 담고 있다고 생각합니다.

분명 좋은 일이 생기면 행복해지는 것이 사실입니다. 나에게 생기는 좋은 일이 다른 사람의 불행을 기초로 한 것이 아니라면 그러한 좋은 일을 못마땅해 하거나 싫어하거나, 불행하게 느끼는 사람은 없을 것입니다.

반면에 다른 사람들이 볼 때에는 매우 불행한 상황에 처해 있다고 하더라도 본인이 그것을 다른 관점으로 보아 행복을 느낄 수도 있습니다. 돈이 없으면 불행할 것이라고 여기는 부자는 가난한 사람들이 행복하지 못할 것이라고 생각하겠지만 생각하기에 따라서는 가난한 사람이 더 큰 만족과 행복을 누리며 살기도 합니다.

그런데, '좋은 일'은 내가 원하는 대로 언제나 생기는 것이 아니라는 점을 기억할 필요가 있습니다.

세상일은 내가 마음먹은 대로 되는 것이 아니며 내가 좋아하는 일이 항상 일어나는 것도 아닙니다. 그러므로 그러한 일들에 나의 행복을 의지하게 된다면 내 감정은 수동적일 수밖에 없게 됩니다. 그래서 좋은 일이 한 동안 일어나지 않을 때는 내 삶이 비참하다고 느끼게 되며 그러한 감정에 영향을 받아 삶 전체가 쉽게 흔들리게 됩니다.

이에 비해 나의 '관점'은 내 손에 있는 것이며 내 생각과 의지 여하에 따라 달라질 수 있는 영역입니다. 일어난 일을 어떻게 바라보고 해석하고, 받아들이느냐 하는 것은 객관적인 상황이라기보다는 내가 가진 '관점'에 의해 결정되기 때문입니다. 외견상 좋은 일이 일어나지 않더라도 얼마든지 행복감을 느낄 수 있다는 것입니다.

그렇다면 우리 스스로가 내 삶의 주도권을 쥐기 위해서 어떤 것을 더욱 바라야 하는지 좀 더 분명해집니다.

하나님은 우리에게 좋은 일이 일어나게 하십니다. 그럴 때 우리는 행복을 느끼고 감사하게 됩니다.

그러나 하나님이 우리에게 진정으로 원하시는 것은 상황과 형편과 사건에 관계없이 내 생각과 마음을 다스리는 것입니다. 즉 모든 것을 섭리하시고 영원이라는 시간표를 가지고 모든 일을 진행하시는 하나님의 의도를 배우고 이해하게 되면 "항상 기뻐하라"는 말씀이 전혀 불가능한 것이 아니라는 것을 확인할 수 있다는 것입니다.

바울은 이것을 터득한 사람처럼 보입니다. 그가 "부유하든지 가난하든지 나는 만족하는 법을 배웠다"고 말할 때 바로 '관점'의 중요성에 대해서 말했던 것입니다. 그는 부유함이 주는 행복감도 알고 있었습니다. 그러나 그것이 박탈되어 어려운 상황에 처할 때에도 그러한 상황이 자신의 삶을 흔들도록 내버려두지 않았습니다.

우리는 행복하고 좋은 일이 일어나기를 위해서 기도합니다. 그러한 기도는 정당합니다. 그리고 하나님께서는 그러한 기도에 응답해 주시기도 합니다.

그러나 우리는 '그리 아니하실지라도'의 삶의 태도를 배우는 것이 더욱 필요합니다. 상황과 사건에 좌우되지 않는 마음. 상황과 사건이 자신의 삶을 흔들도록 내버려두지 않는 마음.

이것이 '흔들리는 세상'에서 '흔들리지 않는 본향'을 바라보며 힘차게 나아가는 삶이요, 세상이 감당치 못하는 믿음의 의미입니다. 세상이 아무리 좋은 것으로 유혹하고, 그것을 미끼로 우리를 얽어매려 하여도 우리의 삶은 굴복되지 않습니다. 우리가 가진 행복의 원천은 보다 깊은 곳에 있기 때문입니다.

# 우리는 왜 이렇게 바쁜가!

우리는 참 분주하고 바쁘게 삽니다.

어른이나 아이 할 것 없이 모두 정신없이 바쁜 삶을 살고 있습니다. 쉴 틈 없이 밀려들어오는 일들에 파묻혀 삽니다. 바쁘다는 말을 하도 들어서 그것이 우리의 삶을 가장 잘 묘사하는 말처럼 들립니다.

세상이 하도 정신없이 돌아가서 그런지 바쁘지 않은 사람이 오히려 이상한 사람처럼 보입니다. 할 일을 안 하는 사람처럼 보이기도 합니다. 더 나아가서는 삶에 충실하지 않은 사람처럼 인식되기도 합니다. 뭔가 좀 이상합니다.

우리는 왜 이렇게 바쁠까요? 아니, 왜 이렇게 바빠야 할까요? 인간의 삶이 본시 이렇게 바쁜 것일까요?

물론 살기 위해서 또는 일정한 목표를 달성하기 위해서 어쩔 수 없이 하루 종일 바쁘게 움직여야 하는 사람들이 있습니다.

학생이 시험 기간 동안 바쁜 것은 당연한 일입니다. 기한까지 끝내야 할 일이 있을 때 바빠지는 것도 있을 수 있는 일입니다. 명절이 다가오면 주부들이 바빠지는 것도 일상사 중 하나가 되었습니다. 이런 종류의 바쁨은 어쩔 수 없이 삶의 한 부분으로 받아들여야 하는 일들입니다. 더욱이 우리 중에는 가족의 생계를 위해서 밤낮없이 뛰어다녀야 하는 사람들도 있습니다. 이런 사람들에게는 왜 그렇게 바쁘냐고 묻는 것 자체가 사치일 수 있습니다.

그러나 우리가 경계해야 하는 바쁨이 있습니다. 그것은 우리의 욕심 때문에 생기는 바쁨입니다. 바쁜 사람은 많은 일을 하고 있기 때문에 바쁘다고 생각합니다. 사회적 지위가 높아지면 바빠지는 것이 당연하다고 생각하기 때문에 거꾸로, 바쁘게 사는 사람은 유능한 사람이라고 여기게 됩니다. 지위가 높을수록 더 많은 일을 처리해야 하고, 그 사람을 필요로 하는 사람들과 일들이 더 많아지기 때문에 점점 더 바빠지게 됩니다.

그러나 우리는 이러한 바쁜 삶의 이면을 보아야 합니다. 혹시 여기에 과도한 성취 욕구가 숨어 있지 않은지 살펴보아야 합니다. 바쁜 이유가 지나친 자아성취 욕구, 과시 욕구, 더 많이 이루고 더 많

이 소유하려는 욕구 때문은 아닌지 점검해야 합니다.

우리에게 있는 이러한 성향을 갈파한 어떤 사람은 "분주함은 '인생에서 실패하지 않으리라' 는 결심"이라고 지적합니다. 분주함은 내가 얼마나 위대한 인간인가를 증명하기 위해 필요한 필수 불가결한 과정이라고 생각한다는 것입니다. 결국 '너무 바쁘다'는 말은 아무 것도 놓치고 싶지 않다는 것을 의미합니다. 그것은 욕심과 야망과 자기중심주의와 은밀히 내통하고 있는 사탄의 첩자인 것입니다.

과도하게 많은 일들을 벌이고 관여하는 사람들, 명함에 온갖 직책을 빈자리 없이 채워 넣고 다니는 사람들, 바쁜 일정에 치여 사람을 만나도 마음으로 대하지 못하고 일의 연장으로 생각해 건성으로 대하는 사람들, 내 목표에 시선이 고정되어 삶을 전체로서 관조하는 여유를 빼앗긴 사람들, 쉼이 주어져도 불안해하며 안식의 기쁨을 전혀 누리지 못하는 사람들.

이들은 내 안에 있는 과도한 욕심 때문에 하나님보다 앞서가는 삶을 살고 있지 않은지 살펴보아야 합니다.

가정일, 자식 교육시키는 일, 직장일, 사람들이 부탁한 일, 교회 일, 하나님 나라의 사명을 감당하는 일 등등 그 어느 것 하나도 우리가 포기할 수 없는 중요한 일들입니다. 그러나 그런 귀한 일들 속에도 '욕심' 이라는 균이 들어가게 되면 나의 선한 의도와는 정반대로 삶 전체를 상하게 할 수 있습니다.

이런 삶은 내 안에 있는 욕심에 끌려가는 삶입니다.

나의 유능함을 과시하고자 하는 욕심, 하나님께서 원하시는 것 이상으로 더 많은 일을 함으로써 하나님께 인정받으려는 욕심, 더 많은 일을 해서 더 많은 것을 얻어야 인생에서 성공했다고 생각하는 욕심. 이런 다양한 욕심으로 삶의 균형이 깨어지게 됩니다. 오히려 하나님께서 의도하셨던 '온전한' 인간과는 멀어지게 됩니다. 더 나아가서 하나님, 가족, 이웃, 세상 그리고 자연과 온전한 관계를 맺지도 못하게 됩니다. 우리는 이 모든 것과 균형 잡힌 관계를 형성할 때에만 온전한 인간이 될 수 있기 때문입니다.

그러므로 바쁠 때는 스스로 질문을 해야 합니다. 내가 왜 이렇게 바쁜가? 혹시 내 안에 도사리고 있는 욕심으로 바쁜 것은 아닌가? 바쁘게 처리하고 있는 일들 속에 자리 잡은 내 마음의 동기는 무엇인가?

어려운 질문이지만, 우리가 결코 회피해서는 안 될 질문입니다. 한 번뿐인 귀한 인생. 바쁨에 밀려가고 욕심에 끌려가는 삶으로 살기에는 너무나 허무하기 때문입니다.

chapter 2

# 내가 원하는 하나님?
# 하나님이 원하는 나!

# 참된 사랑은
# 참된 지식에서부터

중세 시대에 페스트가 온 유럽을 휩쓸고 지나갈 때, 수많은 사람들이 속수무책으로 죽어나가고 있었지만 이에 사람들은 어떻게 할 줄 몰라 하며 갈팡질팡하고 있었습니다.

그 와중에 그 시대를 거머쥐고 있었던 가톨릭 사제들은 자신들의 안전을 확보하는 것뿐만 아니라 백성들을 위한다는 것을 보여줄 수 있는 무언가를 해야 했습니다. 그래서 그들은 도처에서 사람들을 모아 대규모 기도회를 열었습니다. 그러나 그것은 오히려 페스트를 더욱 확산시키는 결과를 낳았습니다. 사람들이 한 곳에 모임으로써 전염병이 더 빨리 퍼졌기 때문입니다.

사제들이 진심으로 백성들을 사랑해서 그렇게 한 것인지, 아니면 종교적인 습관을 따라 자신들이 충실하게 일을 하고 있다는 것을 보여주기 위해 한 것인지는 알 수 없지만, 그 결과는 무지로 말미암은 참극이었습니다. 전염병의 실체를 모르는 채, 그래서 어떻게 대처해야 문제를 해결할 수 있는지에 대한 지식이 결여된 상태에서 나온 종교적인 열정은 오히려 더 큰 문제를 야기할 뿐이었습니다.

참된 지식이 없는 판단과 행동, 심지어는 종교적 열정까지도 선한 결과를 가져오지 못한다는 것을 보여주는 슬픈 에피소드였습니다.

열정은 중요합니다. 행동도 중요합니다. 헌신 역시 중요합니다.

그러나 참된 지식이 결여된 열정과 행동과 헌신은 위험합니다.

특히 그 열정과 행동과 헌신이 종교와 결부되어 있고, 그 기초에 참된 지식이 없다면 다른 사람들뿐만 아니라 하나님의 일에까지도 큰 해를 입히게 됩니다.

지식이 결여된 사랑은 위험합니다. 사랑하는 사람이 무엇을 좋아하는지 모른 채 나 중심적으로 사랑을 표현하는 것은 폭력일 수 있습니다. 진정한 사랑의 표현은 상대방에 대한 지식에 기초한 것이어야 합니다. 마치 따뜻한 말 한마디를 절실히 원할 때에는 천만금의 돈을 가져다주어도 아무런 소용이 없는 것과 같습니다.

지식이 결여된 신앙도 위험합니다. 하나님께서 무엇을 원하시는지 '알아야' 그대로 행할 수 있습니다. 깊이 생각해 보지도 않은 채

내가 좋아하는 것을 하나님도 좋아하겠거니 섣불리 판단하고 행동
하면 오히려 하나님의 뜻에 거스르는 결과를 가져올 수도 있습니
다. 아무리 예배를 자주 드려도 이웃을 향한 사랑과 정의를 행하지
않으면 하나님을 바르게 섬기는 것이 아니며, 이런 모습을 두고 하
나님은 역겹다고까지 말할 때도 있기 때문입니다(사 1:13, 17).

사람들은 '지식'에 대해 막연한 반감이 있는 것 같습니다. 특히
요즘 같은 감각 시대에는 더욱 그런 것 같습니다. '지식'은 무언가
를 따지는 것 같고, 냉정한 것 같고, 고리타분한 것 같고, 깐깐한 것
같다고 생각합니다. 또한 지식은 탁상공론만 하는 것 같고, 실천이
없는 것 같고, 무언가를 이루어내는 힘이 없는 것이라고 여겨지기
도 합니다. 실제로 지식을 추구할 때에 그러한 부작용이 따라오는
것도 사실입니다. 그러나 그렇다고 해서 지식을 무시하는 것은 눈
을 가린 채 느낌만으로 험한 산길을 가는 것처럼 위험합니다.

사랑은 느낌만도 아닙니다. 사랑은 열정만도 아닙니다. 사랑은
행동만도 아닙니다.
감정을 광란으로부터 보호해 주는 것은 사랑하는 자에 대한 이해
와 지식입니다.
열정적인 행동을 원하는 목표로 이끌어가는 것도 사랑하는 자에

대한 이해와 지식입니다.

진정한 사랑을 완성하기 위해서는 알아야 합니다. 내가 사랑하는 사람을 알아야 하고 내가 사랑하는 하나님을 알아야 합니다.


참된 사랑은 참된 지식에서부터 나옵니다.

# 내가 원하는 하나님?
# 하나님이 원하는 나!

기도해도 즉각적인 응답이 없을 때가 더 많습니다. 간절히 간구해도 내가 원하는 대로 일이 풀리지 않을 때가 더 많습니다. 1등을 해서, 돈 많이 벌어서, 높은 사람이 되어서 하나님 일을 하고 싶은데 하나님은 내 소원을 들어주시지 않을 때가 더 많습니다.

언제까지나 이런 하나님을 믿고 신뢰해야 하나요?

한번 생각해 봅시다. 하나님이 내가 생각하고 원하는 대로 움직이시는 분이라면 어떨까요?

문제가 안 풀려서 고심하는 중에 하나님께 도움을 구하면 즉각 나타나서 해결책을 제시해 주고, 난관에 부딪쳐 끙끙대고 있을 때마다 하나님 이름을 부르면 쏜살같이 나타나서 그 난관을 시원하게 뚫어주시고, 갈 길을 몰라서 헤매고 있을 때 "하나님, 이제 어디로 가야 합니까?" 하고 외칠 때마다 지체 없이 나타나서 방향을 제시해 주는 분이라면 어떨까요?

아니, 그렇게 번거롭게 할 필요도 없을 것 같습니다. 그냥 하나님을 상징하는 어떤 물체(십자가도 좋고, 아니면 모세가 쓰던 막대기도 좋습니다)를 들고 다니면서 필요할 때마다 문지르면 요술 방망이처럼 하나님의 능력이 자동으로 나타나면 훨씬 더 편리할 것 같습니다. 마치 우리에게 백지 수표를 주고 필요할 때마다 원하는 대로 사용하라고 하는 것처럼 말이죠.

우리는 종종 능력이 많으신 하나님께서 내가 원하는 대로 해결해 주시면 참 좋겠다고 생각합니다. 그런 하나님이라면 우리가 걷는 길이 탄탄대로가 될 것이고 인생이 너무나 즐거울 것이라고 생각합니다. 그러면서 내가 원하는 때에, 내가 원하는 방식대로, 내가 원하는 일을 해주지 않는 하나님을 원망하기도 하고, 불평하기도 하고, 의심하기까지 합니다.

그러나 가만 생각해 보면 내 생각과 바람과 시간표대로 움직이는 하나님은 딱 내 수준에 맞는 존재밖에 안 된다는 것을 알게 되실 것입니다. 내가 원하고, 하고 싶고, 해결하고 싶고, 이렇게 살고 싶고, 저렇게 하고 싶은 대로 그대로 움직이는, 나의 생각과 원함 바로 그 수준 밖에 안 되는 하나님 말입니다. 아니, 내 수준도 안 되고 오직 내가 시키는 대로 하는 나의 종 수준 밖에 안 되는 존재가 되는 것입니다.

만약 하나님이 이런 분이라면 지금 당장 내 문제를 해결할 수 있어서 좋기는 하겠지만, 마냥 좋은 것만은 아닙니다. 왜냐하면 만약 하나님이 이 수준이라면 불안하다는 생각이 들기 때문입니다.

예를 들어, 지금은 내가 이렇게 하는 것이 좋다고 생각했는데, 1년 후에는 상황이 변해서 그 때의 생각이 완전히 틀린 것이었다는 것을 알게 된다면 어떻게 합니까? 나야 부족한 인간이니까 1년 후를 정확히 예상 못하는 것은 당연하다고 해도 하나님도 그와 똑같은 수준이라면 어떻게 합니까?

나와 수준이 똑같은 어떤 존재에게 내 삶을 맡길 수 있을까요? 내가 생각하는 것만큼만 생각하는 존재에게 내 인생길의 인도를 맡길 수 있을까요?

세 살짜리 어린아이가 떼쓴다고 모든 것을 다 들어주는 부모님을 우리는 성숙한 부모라고 생각하지 않습니다. 그 아이의 삶이 어찌

될까 걱정하기도 합니다.

어릴 적에는 부모님께서 내가 원하는 대로 다 해주지 않는다고 그것이 나를 사랑하지 않기 때문이라고 투정부릴 때도 있었지만, 그럼에도 불구하고 부모님을 의지하는 것이 더 낫다는 것은 누구나 인정하는 바입니다. 우리를 사랑하시는 부모님이라면 나의 생각보다 훨씬 더 나은 판단력으로 나를 이끄시리라는 것을 알기 때문입니다.

마찬가지로 우리의 하나님이 내 생각대로 움직이지 않는다는 것이 오히려 감사한 일입니다. 내 기분 따라 움직이지 않는다는 것이 오히려 고마운 일입니다. 내가 떼쓰는 대로 움직이지 않는다는 것에 오히려 신뢰가 갑니다.

우리에게는 내 생각보다, 내 판단보다, 내 계획보다 더 크신 하나님이 필요합니다. 그래야 그분에게 나의 삶을 전폭적으로 맡겨도 믿고 신뢰할 수 있기 때문이지요.

지금 당장은 내가 원하는 대로 움직이지 않는다고 해도, 그리고 그런 상황이 잘 이해되지 않는다고 해도 하나님을 향한 기본적인 신뢰가 상실되지 않는 것은 우리 존재의 한계와 하나님의 어떠하심을 알기 때문입니다.

"하나님, 당신의 뜻대로 나의 삶을 빚으소서. 내 삶이 주의 손에 있나이다. 아멘."

# 행복해지려고 예수를 믿는가?

한국갤럽이 '2004년 한국인의 종교와 종교의식'에 대한 조사 결과를 발표했습니다.

"왜 종교를 믿는가"라는 물음에 응답자들의 67.9%가 "마음의 평안을 얻으려고"라고 대답했으며, 나머지는 "복을 많이 받기 위해"(15.6%) "죽은 다음 영원한 삶을 위해"(7.8%) "삶의 의미를 찾기 위해"(7.0%) 등을 이유로 들었다고 합니다.

"마음의 평안을 얻으려고" 라고 대답한 응답자의 비율은 84년의 57.8%에 비해 20년 동안 10.1% 증가했습니다. 반면 "죽은 다음 영원한 삶을 위해" 라고 대답한 응답자는 지난 20년 사이에 3.6%가 줄어들었습니다. 한 마디로 이 조사 결과는 종교에 있어서 '현세구복적'

성향이 더욱 강화되어가고 있다는 것을 말해 주고 있습니다.

왜 이런 성향이 점점 강화되는 것일까요?

세상 살기가 더 힘들어져서 이런 변화가 생긴 것일까요?

아니면 우리가 너무 현세적이 되었기 때문에 그런 것일까요?

혹은, 불확실한 미래보다는 좀 더 가깝고 확실한 현재의 이익을 바라는 것이 더 낫다는 영민한 판단 때문에 이런 결과가 나온 것일까요?


신학자 마르바 던(Marva Dawn)은 현대인을 두 가지로 분류합니다.

"종교적 인간은 구원받기 위해 태어났으며, (현대의) 심리적 인간은 즐거움을 얻기 위해 태어난다."

영혼의 존재와 가치를 믿지 않는 현대인들에게 절대적인 목표는 자신의 즐거움이 될 수밖에 없지만, 현세의 삶이 끝이 아니라 더 영원한 삶이 있다고 믿는 종교인이라면 이와 달라야 합니다. 현대의 심리적 인간은 현세의 즐거움이 최대의 목표가 되는 반면, 영원을 바라보는 종교적 인간은 미래를 위해 현재의 즐거움을 잠시 유보하는 능력이 있습니다.

그러나 시간이 흐를수록 종교인이지만 종교적이지 않은 신자들이 점점 늘어나고 있습니다. 종교 세속화의 한 가지 특징이 이러한 내세성의 약화입니다. 마치 현세가 전부인 듯이 생각하고 종교조차도 현세를 위한 도구로 생각하는 것입니다.

그리스도인들도 이러한 세속화의 물결에 휩쓸려가고 있습니다. 어떻게든 이 세상에서 잘 살고, 성공하는 것이 실질적으로 가장 중요한 목표가 되고 있습니다. 내세에 대한 말은 하지만 실제적인 삶에 있어서는 내세에 대한 믿음과 기대가 전혀 힘을 발휘하지 못하는 것입니다. 하나님과 믿음이라는 것이 내가 이 세상에서 잘 사는데 도움을 주는 도구로 전락하고 있는 것입니다.

영국의 유명한 영문학자(『나니아 연대기』의 저자)이자 기독교 저술가인 C. S. 루이스(Lewis)는 이렇게 말합니다.

"나는 행복해지려고 종교를 찾은 것이 아니다. 그러려면 포도주 한 병이면 족하지 아니한가? 당신을 정말 편안하게 해줄 종교를 원한다면, 분명히 말하지만 난 기독교를 권할 생각이 없다."

루이스는 기독교의 본질이 삶을 평안하게 해주는 것이 아님을 분명히 이해하고 있습니다. 그리고 이러한 본질과는 거꾸로 가는 시대의 흐름 또한 날카롭게 꿰뚫고 있습니다.

기독교가 마음의 평안을 주는 것도 사실입니다. 그러나 그것이 최종적이며 가장 우선적인 목표는 아닙니다. 우리에게는 이 세상만

이 아니라 내세가 있으며 '영원한 내세의 관점에서 이세상을 바라보는 것'이 믿음의 본질이기 때문입니다. 이러한 시각을 가지고 있을 때에야 비로소 영원한 목표를 위해 기꺼이 현세의 바람을 희생하거나 포기할 수 있는 것입니다. 많은 사람들이 하나님을 위해 목숨까지 드릴 수 있었던 것은 이런 시각을 가지고 있었기 때문입니다.

실용주의가 기독교와 우리의 신앙을 좀먹고 있습니다.

'현재의 나의 이익'이 최고의 판단 기준이 되고 있습니다.

제자도, 믿음, 예배, 기도, 헌금, 봉사 등등의 종교적인 활동들에서도 현재적인 효용성과 실용성이 그 성공 여부를 판단하는 기준이 되고 있습니다.

결국 이 땅에서 내가 추구하는 행복과 즐거움과 성공을 주지 못한다고 생각하면 그러한 활동들의 의미와 심지어는 하나님과의 관계까지도 심각한 타격을 받게 됩니다.

하나님과 믿음과 기독교는 우리에게 어떤 의미인가요?

"여러분은 이 시대의 풍조를 본받지 말고, 마음을 새롭게 함으로 변화를 받아서, 하나님의 선하시고 기뻐하시고 완전하신 뜻이 무엇인지를 분별하도록 하십시오." (롬 12:2)

# 믿음을 어디에 쓰시렵니까?

우리는 믿음의 용사 이야기를 많이 듣습니다.

믿음으로 죽을병을 고친 사람들, 믿음으로 쓰러져가는 사업을 일으킨 사람들, 믿음의 기도로 방탕한 자식을 돌아오게 한 사람들 등등.

이런 사람들의 이야기를 들으면서 우리는 놀라움과 더불어 자괴감에 빠질 때가 많이 있습니다. "나에게는 왜 이런 믿음이 없을까? 나는 왜 이렇게 믿음이 적을까?" 우리에게는 이들이 체험한 것과 같은 일이 일어나지 않기 때문에 이들의 이야기가 격려가 되기보다는 오히려 낙담을 가져다줄 때가 더 많습니다.

우리는 믿음을 어떤 큰일을 이루어내는 능력이라고 생각합니다. 병을 낫게 하고, 사업에 성공하게 하고, 난관을 해결해 주는 것이 바로 믿음의 능력이라고 생각합니다. 그래서 이런 믿음을 갖기 위해 노력합니다. 기도도 합니다. 하나님 앞에서 씨름하기도 합니다. 마치 믿음이 황금동굴을 여는 열쇠요 만병통치약이어서 그것을 얻으면 인생의 모든 문제가 쉽게 풀릴 수 있다고 생각하는 것처럼 말입니다.

그러나 성경에서 보다 강조되고 있는 믿음은 어떤 거창한 일을 멋지게 이루어내는 것이 아니라, 실제 삶에서 하나님의 말씀을 신뢰하고 그대로 살아가는가에 달렸습니다.

우리는 인생에 대해 염려가 많습니다. 불안해하기도 합니다. 그래서 미래를 위해 모든 것을 다 준비해 놓아야 인생이 편하고 안전하다고 생각합니다. 필요를 공급해 주실 하나님에 대한 믿음이 없기 때문입니다. 그러면서도 직장 승진, 사업 번창, 자식 성공을 위해 기도하면서 "믿습니다"를 연발합니다. 그러한 성공을 위한 추구가 실제로는 인생에 보험을 들고자 하는 노력의 일환임을 인식하지도 못한 채로 말이죠.

하나님께 순종하는 길이라고 확신하고 나가다가 장애물을 만나면 하나님께서 제거해 주실 것을 믿음으로 기도합니다. 그러나 여전히 장애물이 치워지지 않으면 포기하고 돌아갑니다. 순종하면 마치 하나님께서 자동으로 형통하게 해주실 것이라는 약속을 주신 것처럼 착각했기 때문입니다. 결국 자기가 믿고 싶은 대로 믿는 것입니다.

내게 있는 것을 아까워하지 말고 드리고 나누어야 하며, 그것이 천국에 보화를 쌓는 것이라는 말씀을 잘 알고는 있지만, 미래보다는 지금 당장 내가 누리는 것이 더 중요하다고 생각합니다. 천국에 대한 믿음이 적기 때문입니다.

이렇게 생각해 보면, 결국 우리가 먼저 관심을 기울여야 할 것은 어떻게 하면 믿음을 키울 수 있는가 하는 것이 아니라, 무엇에 믿음을 발휘해야 하는가 하는 점입니다. 즉, 믿음의 크기보다 믿음의 방향이 훨씬 더 중요합니다.

예수님은 자신을 위해서는 돌로 한 덩이의 떡도 만들어 먹지 않았습니다. 자신의 능력을 과시하기 위해서 성전 꼭대기에서 뛰어내리지도 않았습니다. 자신의 목숨을 건지기 위해서 천사들을 동원하는 능력도 발휘하지 않았습니다. 그냥 순순히 고난을 당하고 죽음을 맞이했습니다. 더 큰 선을 이루기 위해서. "믿습니다" 하면서 그 난관을 깨드리는 데 자신의 믿음을 사용하지 않으셨던 것입니다.

그러나 백성들이 굶주리는 모습을 보고서는 측은히 여기서서 적은 양의 떡과 물고기로 오천 명을 먹이시는 기적을 행하셨습니다.

눈먼 자가 찾아왔을 때, 중풍병자가 찾아왔을 때, 죽은 자를 살려달
라고 부르짖을 때, 예수님은 하나님을 향하여 믿음의 손을 내밀었
습니다. 하나님께서 능히 기적을 일으키실 것을 확신하고서.

로마 군인들에게 잡혀 온갖 수모를 당하고 죽음에까지 이르렀지
만 그 고난을 해결하기 위해서는 믿음을 사용하지 않으셨습니다.
"이 고난을 바꾸어 형통하게 하실 것을 믿습니다"는 그의 입에서 나
온 말이 아니었습니다. 대신 그 고난이 선한 뜻을 이룰 것이라는 하
나님의 말씀을 믿기로 하셨습니다. 힘겨운 싸움이었지만 결국 믿음
의 승리를 얻으셨습니다.

이런 것을 보면 예수님에게 더 중요한 것은 믿음의 크기가 아니
라 무엇을 위하여 믿음을 사용하는가 하는 점이라는 것을 알 수 있
습니다.


우리는 믿음을 키우기 위해 노력합니다. 필요한 일입니다. 진정
으로 믿음의 사람이 되어야 합니다. 세상을 이길 수 있는 믿음의 소
유자들이 되어야 합니다.

그러나 우리는 무엇을 위해서 믿음을 키우려고 하는지 생각해야
합니다. 우리가 믿음이 적기 때문이 아니라, 하나님께서 기뻐하시
는 뜻대로 믿음을 사용하려고 하지 않기 때문에 하나님의 능력을
체험하지 못하는 것이 아닌지 생각해야 합니다.

왜 우리는 하나님께서 가장 기뻐하시는 것이 하나님을 사랑하는 것과 이웃을 사랑하는 것이라는 분명한 말씀을 잊어버릴까요?

왜 우리는 그것이 바로 우리의 믿음이 발휘되어야 할 방향임을 깨닫지 못할까요?

왜 우리는 그것이 살아계시고 기도에 응답하시며 능력으로 세상을 다스리시는 하나님을 체험할 수 있는 길임을 이해하지 못할까요?

# 우리 안에 있는 아이히만

얼마 전 유영철 사건과 발바리 사건을 보면서 사람들은 그 끔찍한 범죄에 분노를 터뜨렸습니다. "이런 사람들은 사회에서 완전히 격리시켜야 해! 어떻게 사람이 이럴 수가 있어! 짐승만도 못한 인간이라더니 진짜 그렇네!" 이런 사건들로 사형제 폐지 운동이 큰 타격을 입기도 했습니다. 그만큼 극악한 범죄자들에 대한 사람들의 분노가 극에 달했던 것이죠.

우리는 나쁜 일을 저지르는 사람을 보면서 분노를 터뜨립니다. 분노가 커지면 마치 그 사람이 별종난 인간이라고 생각하면서 이 사회에서 완전히 제거해서 그러한 인종의 씨를 말려야 된다고 생각합니다. 우리 안에 일어나는 분노는 정당합니다. 그 사람은 분명 나쁜 짓을 저질렀습니다. 그러므로 그에 마땅한 형벌을 받아야 합니다. 우리의 보복심을 만족시키기 위해서라기보다는 자신의 잘못에 대한 대가를 치러야 하기 때문에 그렇습니다.

그러나 극심한 분노 중에서도 한 가지 잊지 말아야 할 것이 있습니다. 그것은 우리도 동일한 잘못을 저지를 수 있는 사람이라는 점입니다. 우리 안에도 그 사람과 동일한 죄의 욕구와 충동이 자리 잡고 있습니다. 우리와 그 사람은 완전히 다른 종류의 인간이 아니라는 것입니다.

나찌를 이끌고 유대인 대학살을 주도했던 아돌프 아이히만(Adolf Eichmann)을 이스라엘의 비밀첩보원이 남아메리카의 은둔지에서 체포한 후에 재판을 받게 하기 위해 이스라엘로 압송했습니다. 재판 중에 이스라엘 검사들은 집단수용소에서 살아남은 몇 명의 유대인들을 증인으로 소환했습니다. 그 중에는 아우슈비츠 수용소에서 기적적으로 죽음을 모면한 예힐 디누어도 있었습니다.

재판정에서 디누어는 방탄 유리가 설치된 작은 방 안에 앉아 있는 아이히만을 뚫어지게 쳐다보았습니다. 자신의 가족과 친구들을 잔인하게 살해하고, 수백만의 유대인 학살을 직접 주도했던 바로 그 사람이었습니다. 희생자와 살인마의 눈이 마주치자 법정에 침묵

이 흘렀습니다. 사람들은 디누어가 어떤 반응을 보일지 숨을 죽이며 지켜보고 있었습니다. 그러나 그 다음 순간 누구도 전혀 예상치 못한 일이 일어났습니다. 예힐 디누어가 큰 소리를 지르며 바닥에 쓰러져 흐느꼈던 것입니다.

사람들은 그가 분노를 억누를 수 없어서, 또는 아우슈비츠의 끔직한 기억이 되살아나서, 아니면 아이히만의 악마같은 모습에 치가 떨려서 그랬을 것이라고 생각했습니다.

얼마 후 디누어는 미국의 어느 TV 프로그램에 출연해서 자신이 그렇게 행동했던 이유를 밝혔습니다. 그는 학살자 아이히만이 자신이 상상해 왔던 악한 악마의 화신이 아니었다는 사실 때문에 울었다고 말했습니다. 체포되어 법정에 서 있는 아이히만에게서 다른 사람과 별로 다를 것이 없는 평범한 인간의 모습을 발견했다고 합니다. 그 순간, 디누어는 죄와 악은 어쩔 수 없는 인간의 조건이라는 서글픈 사실을 깨닫게 되었다고 합니다.

"그 순간 나는 내 자신이 두려워지기 시작했습니다. 이 사람처럼 나도 그와 같은 잔인한 짓을 충분히 저지를 수 있는 존재라는 것을 깨달았기 때문입니다."


범죄를 저지르는 사람과 그렇지 않은 사람의 차이가 무엇일까요? 어떤 사람은 의지력의 차이라고 말하기도 합니다. 죄를 짓고자

하는 충동이 들지만 의지력으로 그 충동을 이긴다고 말이죠.

어떤 사람은 상황의 차이라고 말하기도 합니다. 환경과 상황이 그 사람으로 하여금 악한 생각을 하게 만들고 그것을 실행에 옮길 수 있게 유도하는 반면, 보통의 사람들은 여러 가지 환경적인 제약 때문에 그러한 악한 마음을 실행에 옮기지 못한다고 합니다. 또 다른 사람은 가족이나 지인들에 대한 책임감 때문이라고 말하기도 합니다. 또는 사회적 지위와 체면 때문이라고도 합니다.

그것이 어떤 이유이든지, 우리 속에서 계속 들락거리고 있는 악한 생각들과 그것을 행동에 옮기고자 하는 충동을 막는 것이 있기 때문에 우리가 그와 같은 범죄자가 되지 않는 것입니다. 결코 우리가 전혀 다른 존재이기 때문이 아닙니다. 우리 자신의 단 하루의 삶을 가만히 돌아보기만 해도 이러한 사실은 부인할 수 없을 것입니다.

이러한 인식은 우리로 하여금 다른 사람과 나 자신을 새로운 각도로 보게 합니다.

"죄는 미워하되 사람은 미워하지 말라"는 말의 기초가 바로 이것입니다. 우리도 여차하면 얼마든지 동일한 범죄를 저지를 수 있는 인간이라면, 죄를 범한 사람이 본질적으로 악한 종류의 인간이라고 생각하지 못하게 됩니다. 결국 그 사람을 악의 화신이 아니라 죄를 지은 '한 사람의 인간'으로 보게 되는 것이죠. 그러므로 '가망 없다' '절대 추방' '영구 제거'와 같은 말을 함부로 쓸 수 없게 됩니다. 죄를 지을 수 있을 만큼 연약한 인간이라면, 동시에 죄를 회개할 수 있는 여지도 가지고 있기 때문입니다. 우리 자신들처럼 …….

또 다른 한편으로, 우리는 죄를 지은 사람과 자신을 비교하면서 스스로 교만해져서는 안 됩니다. 나는 그와 전혀 다른 종류의 인간이라고 생각해서도 안 됩니다. 겸손해야 합니다. 조심해야 합니다. 내 안에도 그 사람과 동일한 유혹과 충동이 있다는 것을 인정하는 가운데 범죄자를 보면서 나를 살필 수 있는 지혜를 얻어야 합니다.

우리 모두는 연약한 인간에 불과합니다. 어느 누구도 초인이 아닙니다. 죄의 충동에서 자유로운 존재가 아닙니다. 그러므로 겸손해집시다.

"아이히만은 우리 모두의 내면에 살아있습니다."

# 물에 잠기지 않은 오른팔

유럽의 호전적인 민족이었던 색슨 족은 샤를마뉴(charlemagne) 대제의 공략에 의해 기독교화 되었습니다. 그들은 기독교로 개종했다는 것을 공식적으로 선언하는 예식인 세례를 받기로 동의하기는 했지만 한 가지 조건을 내걸었습니다. 세례를 받을 때에 오른팔만은 물속에 잠기기 않게 해 달라고 요청한 것입니다.

그들은 세례의 의미를 분명히 알고 있었습니다. 물속에 잠긴다는 것은 이전 삶과의 완전한 단절과 새로운 삶으로의 탄생을 의미하는 것임을 알았던 것입니다.

그러나 그들은 완전한 변화를 원치 않았습니다. 오른팔만은 그대로 두기를 원했던 것입니다. 무슨 뜻일까요? 자신의 호전성, 싸움, 살육, 정복을 지속하기 위한 오른손은 포기하지 않았던 것입니다.

변화는 정말 힘든 것입니다. 깊이 뿌리박힌 습관의 변화는 더욱 어렵습니다. 삶의 방식을 바꾸려면 뼈를 깎는 아픔이 수반되어야만 합니다. 더욱이 하나님에 의해 잘못된 것으로 판정을 받은 과거의 행동이 나에게 이익을 가져다주고 성취를 가져다주는 것이라면 우리는 하나님께서 그것만은 눈감아 주시기를 강력하게 요구할 것입니다. 마치 온 몸이 물속에 들어가도 오른팔만은 물속에 집어넣기를 거부하는 것처럼.

결국 그 오른팔로 인해 유럽에는 계속적인 전쟁과 살육의 냄새가 끊이지 않게 됩니다. 겉으로는 기독교를 내세우지만 이교도들과 전혀 구별이 되지 않는 모습이 지속된 것입니다.

어떤 사람들은 돈이 오른팔일 수 있습니다. 또 다른 사람들은 습관이 오른팔일 수 있습니다. 자식, 성공, 명예, 인간관계, 사랑하는 사람, 정욕 등등, 사람들마다 물 밖으로 내밀고 있는 오른팔은 다양합니다. 그 오른팔을 물에 담그기를 거부하면, 하나님 앞에 설 때마다 우리 안에서는 심한 갈등과 혼란과 주저함이 계속해서 솟구칠 것입니다.

우리의 오른팔은 무엇인가요? 물속에 담그기를 거부하고 있는, 그래서 변화를 거부하고 있는 것, 그대로 내버려둔다면 우리 삶에서 갈등과 싸움의 혼란이 계속 되게 할 '그것' 은 무엇일까요?

# 첫사랑을
# 잊어버리지 않았는가?

큰 걱정거리를 짊어진 어떤 사람이, 자신의 문제가 해결되기만 하면 집을 팔아서 그 돈을 모두 가난한 사람들에게 나눠주겠다고 선언하였습니다. 어찌어찌 해서 문제가 해결되자, 그는 자신의 선언을 이행하지 않을 수 없게 되었습니다. 그러나 누가 그 많은 돈을 선뜻 내놓고 싶겠습니까? 문제에 직면했을 때와 그 문제가 해결된 후의 마음이 같을 수 있겠습니까?

그래서 고민 끝에 그는 한 가지 묘안을 생각해 냅니다. 그는 자기 집을 10만 원에 내놓고, 그 집과 함께 사는 조건으로 고양이를 1억 원에 내놓은 것입니다. 결국 그 집은 10만 원에, 고양이는 1억 원에 팔렸습니다. 그는 10만 원만 가난한 사람에게 주고, 1억은 자신의 주머니에 집어넣으면서 속으로 이렇게 외쳤습니다. "만세!"

화장실에 들어갈 때 다르고 나올 때 다르다는 말이 있습니다. 위의 같은 경우를 두고 하는 말일 것입니다. 사람들은 다급하거나 문제가 많을 때는 그 문제만 해결되면 좋은 일을 많이 하고 다른 사람들을 돌아보겠다고 다짐합니다. 그러나 다급한 문제가 해결되고 나면 약속한대로 자기가 내 주어야 할 것이 크게 보이고 너무 아깝다는 생각에 사로잡히게 됩니다. 갈등 끝에 자신의 약속을 어기거나 아니면 위의 사람처럼 교묘한 타협점을 찾게 됩니다. 그래야 마음이 덜 찔리기 때문이지요. 양심은 있어서 …….

고시에 합격한 사람 치고 인터뷰에서 가난한 사람, 억울한 일을 당한 사람을 돕겠다고 말하지 않는 사람을 아직 한 번도 본 적이 없는 것 같습니다(그렇지 않은 사람은 인터뷰도 하지 않기 때문인지도 모르지만 말이죠). 선거에 출마하면서 국민을 위한, 나라와 민족을 위한 참된 정치가가 되겠다고 다짐하거나 공언하지 않는 정치인 또한 한 번도 본적이 없는 것 같습니다. 그러나 그 결심과 선언대로 사는 법조인, 정치인을 만나기가 쉽지 않습니다. 다들 이유가 있을 것입니다. 변명거리가 있을 것입니다. 그러나 그것이 무엇이든 그들 이유의 대부분은 자신이 얻게 된 것에 대한 욕심에서 비롯되고, 자신의 욕심을 통제하지 못해서 나오는 타협이라고 말할 수밖에 없을 것입니다.

그래도 이런 사람은 조금 나은 편입니다. 요즘은 처음부터 아예 어떤 결심이나 약속도 하지 않는 것 같습니다. 처음부터 자신의 성공, 출세, 축재를 위해서 모든 것을 쏟아 붓습니다. 정말로 정의를 위한 법조인, 환자를 섬기는 의료인, 국민을 위한 정치인을 찾아보기가 힘든 세상이 되었습니다. 자신이 얻은 지위와 권력과 재산은 오로지 자신만을 위해서 사용하는 것이 당연한 듯이 되어 버렸습니다.

문제는 이러한 경향이 젊을 때부터 강하게 나타난다는 데 있습니다. 이제는 젊음의 특권이라고 여겨져 왔던 정의감, 인류애, 사랑과 열정, 희생, 가난하고 불쌍한 사람들을 위해 사는 삶이라는 것이 젊은 날 한 때의 치기로 치부되는 것을 넘어 인생을 모르는 철부지의 삶으로 인식되고 있는 듯 합니다. 오로지 자신의 끊임없는 성공, 출세, 안락만이 모든 관심을 독차지하고 있는 것 같습니다. 이것은 젊음의 죽음이 아닐까요? 이 세상을 살만하게 만드는 원동력의 원천 봉쇄가 아닐까요? 공장에서 뿜어내는 검은 연기보다도 더 이 세상을 질식시키는 공해가 아닐까요? 그렇기 때문에 이런 사람들보다는 적어도 한 때만이라도 약속하고 다짐하는 사람이 1백 배는 나은 것 같습니다.

그러나 결심보다는 인내가 더 중요합니다. 우리는 지금까지 살아오면서 수많은 결심을 해왔습니다. 결심이 적어서 문제가 되는 것은 아닙니다. 좋은 책을 읽고, 좋은 말씀을 듣고, 다른 사람의 이야기를 듣고 감동을 받을 때마다 우리는 결심을 합니다.

그러나 문제는, 그 결심이 얼마나 강력한 모터를 달고 있는가 하는 것입니다. 아무리 겉모습이 멋있는 차라도 엔진이 신통치 않으면 차로서의 기능을 제대로 하지 못합니다. 결심은 보여주려고 있는 것이 아닙니다. 결심은 했다는 자체만으로 의미가 있는 것도 아닙니다. 그것은 인내와 자기 통제력으로 뒷받침된 실천력으로 현실화되어야만 그 가치와 의미가 살아나는 것입니다.

젊을 때에 삶의 목표를 올바르게 세우는 것은 매우 중요합니다. 다짐을 해야 합니다. 결심도 해야 합니다. 이런 것이 없으면 젊은이라고 말하기 힘들 것입니다. 그러나 그 결심, 다짐, 목표에 강력한 모터가 달려야 합니다. 어떤 악천후에도 멈추지 않는, 아무리 거칠고 험한 길에서도 정지하지 않는, 세월의 무게에 비록 겉은 녹슬어도 내부에서는 계속해서 강력한 힘을 뿜어낼 수 있는 모터를 달고 있어야 합니다. 그러기 위해서는 모터에 계속해서 기름을 쳐야 합니다. 언제나 젊음의 삶을 살았던 예수님의 기름, 그 정신을 이어받아 하나님에 대한 사랑과 이웃에 대한 사랑을 실천하는 삶을 살기 위해 애썼던 수많은 작은 그리스도들이 제공하는 기름을 …….

항상 젊은 삶을 살았던 사도 바울의 고백이 귓가에 맴돕니다.

"우리의 겉 사람은 낡아가나, 우리의 속사람은 날로 새로워집니다." (고후 4:16)

chapter 3

# 당신은 어떤 사람이 되려고 합니까?

# 배움의 완성

참된 배움은 이론만이 아니라 실천까지 포함하는 것이어야 합니다.

이런 이유로 저는 어떤 강의를 하더라도 이론적인 강의 후에는 언제나 그것의 적용, 실천까지도 언급합니다. 그런데 이론적인 면을 설명할 때는 잘 따라오던 학생들도 실천적인 적용으로 들어가게 되면 갑자기 고장 난 자동차가 된 것처럼 삐걱거립니다. 물론 처음부터 그러는 것은 아닙니다. 거시적이고 구조적인 부문의 적용에 대해 말할 때는 어느 정도 잘 따라옵니다. 그러나 그것을 개인적인 차원으로 끌고 내려와서 학생들의 삶과 직접 연관이 있다는 것을 보여주게 되면 갑자기 불편한 표정을 짓는다든지, 제 눈길을 외면한다든지 합니다. 그 때까지 즐겁게 맞장구쳤던 반응이 갑자기 시큰둥한 것으로 바뀝니다.

그런데 여러 번 학생들을 가르치면서 느끼는 것은 이러한 반응이 대다수의 학생들에게서 나타나는 현상이라는 사실입니다. 어떤 내용을 성경적으로, 신학적으로 설명할 때는 잘 받아들입니다. 옳다고 맞장구치기도 합니다. 그런데 그것을 가지고 그들의 삶에서 이미 자리 잡고 있는 어떤 부분을 바꿔야 한다고 지적하면 갑자기 기류가 이상해집니다. 성경적 가르침까지도 탐탁지 않게 생각하는 경향도 나타납니다.

가만 생각해 보면 이런 현상은 학생들만이 아니라 우리 모두에게서도 발견됩니다. 사람들은 자신이 이미 가지고 있는 생각, 습관, 행동을 바꾸기를 별로 원하지 않습니다. 그것이 익숙하기 때문이기도 하고 변화로 인해 혹시 초래될 불이익, 불편함을 싫어하기 때문입니다. 오히려 역으로 기존의 생각과 행동을 합리화하려는 경향이 강하게 나타나기도 합니다. 그래서 핑계를 대기도 하고, 변명을 하기도 하며, 더 나아가서는 자기 행동을 정당화시켜줄 이론을 개발하기도 합니다.

결혼생활이 행복할 때는 이혼에 대해서 부정적으로 생각하다가도 자신이 직접 이혼하게 되면 이혼을 정당화하면서 성경적으로도 문제가 없다는 식으로 발전시키게 됩니다. 이것은 동성애자들이 자신의 성향을 정당화하기 위해 예수님도 동성애자였다고 주장하는 것과 유사한 것입니다. 현재의 상황과 행동을 합리화하기 위해서 진리를 단순한 하나의 이론으로 격하시키는 것입니다.

참된 배움은 생각의 변화를 가져오는 것이며, 행동의 변화, 습관의 변화로까지 나아가는 것입니다. 좋은 강의나 설교를 많이 듣는다고 해서 배움이 완성되는 것은 아닙니다. 그 가르침에 동의했다고 해서 다 배운 것도 아닙니다. 그 가르침이 삶의 세세한 부분에까지 변화를 가져오게 될 때에야 비로소 참된 배움이 성취되는 것입니다. 설령 그 가르침이 나의 행동과 습관을 전폭적으로 바꾸기를 요구하는 것이라고 할지라도, 나의 행동을 불변의 기준으로 삼아 원리를 바꾸는 것이 아니라 원리 앞에서 나의 삶의 모습을 바꾸려고 하는 것이 참된 배움의 태도입니다.

그러므로 참된 배움에는 익숙하고 편안한 상태를 의지적으로 깨뜨리려는 결단이 요구됩니다. 인생의 진정한 성공은 편안하고 익숙한 상태를 박차고 나가서 불안하고 불안정한 광야로 나아갈 때 얻을 수 있습니다. 진정한 성공은 세상의 변화도, 다른 사람의 변화도

아닌 나 자신의 변화를 이루는 것이기 때문입니다.

예수님은 결코 편안하고, 익숙하고 예측 가능한 삶을 주기 위해서 우리에게 오시지 않았습니다. 그는 우리의 삶과 생각을 뒤흔들어 놓으려고 오셨습니다. 그것은 하나님께서 원하시는 대로 나를 만들기 위해서 반드시 거쳐야 할 과정이기 때문입니다.

우리는 하루하루 새로운 배움으로 나아가야 합니다. 그리고 그 배움은 나의 모든 것을 바꾸어 놓을 때에 비로소 완성되는 것입니다.

# 당신은 어떤 사람이 되려고 합니까?

"앞으로 커서 어떤 사람이 될 것인지 한 사람씩 말해 봅시다."

초등학교 6학년 첫 시간에 선생님은 이런 화두를 던졌습니다.

"저는 선생님이 되고 싶습니다."

"저는 판사가 되고 싶어요."

"저는 과학자가 되려고 합니다."

"저는 유명한 축구선수가 되고 싶어요."

유사한 대답이 줄을 잇습니다.

그런데 한 친구의 대답에 반 전체가 까르르 웃음을 터트립니다.

"저는 좋은 아빠가 될 거예요."

그 아이는 알콜중독에 가정 폭력을 일삼는 아빠를 둔 불행한 아이였습니다. 그 아이에게 있어서 성공한 어른이란 오직 좋은 아빠

일 수밖에 없었습니다.

"당신은 어떤 사람이 되려고 합니까?" 하고 질문하면 대다수의 사람들은 자신이 장차 할 일이나 직업을 말합니다. "사업가, 의사, 교사, 변호사, 간호사, 과학자, 등등."

그런데 위의 마지막 아이처럼 대답하는 사람이 있다면 사람들은 모두 웃을 것입니다. "좋은 아빠, 현명한 아내, 자상한 남편, 좋은 시민, 인내심 많은 사람, 의리 있는 친구, 등등."

그러나 웃을 일이 아닙니다. 오히려 이것이 우리 삶의 보다 큰 그림을 반영한 대답이기 때문입니다.

'나' 라는 존재는 직업으로만 규정되는 것이 아닙니다. 나는 직업인이기 이전에 가족의 일원이고, 친구들 사이의 한 동료이며, 사회의 한 시민이며, 교회의 한 지체이기도 합니다. 이런 다차원적인 모습이 모여서 '나' 라는 사람을 형성하는 것입니다. 그러므로 위의 질문에 대한 답은 내가 이 세상에서 맺게 될 다양한 관계와 속하게 될 집단에서 되고 싶은 모습을 설명하는 것이어야 보다 정확할 것입니다.

세상에서는 점점 한 두 가지 특성만으로 사람을 평가하고 인생의 성공 여부를 판단하는 경향이 커지고 있습니다. 그것은 대개 직업과 관련된 것일 경우가 많습니다. 직업의 영역에서 잘 하면 그 사람의 인생 전체가 성공한 것처럼 칭송되곤 합니다. 부러워하기도 합니다. 수많은 정치가, 사업가, 연예인, 운동선수들, 소위 '사'자가 붙은 전문가들이 신문과 방송에서 인생 성공의 모델로 등장하는 것이 이러한 경향을 잘 반영하고 있습니다.

게다가 성공한 사람을 평가할 때 삶의 다른 차원에 대해서는 별로 고려하지 않습니다. 인격적으로 성숙했는지, 부모와의 관계가 좋은지, 아버지 어머니로서의 역할은 잘 하는지, 배우자와의 관계는 좋은지, 시민으로서의 역할은 잘 하고 있는지, 교회의 지체로서 공동체를 세우는 데 기여는 잘 하고 있는지 여부는 가십거리 정도로만 취급합니다.

사람들은 일과 직업으로만 평가하는 사회의 가치를 그대로 수용해서 오로지 남들이 부러워하는 일과 사회가 성공했다고 인정하는 직업을 갖기 위해서 말 그대로 모든 것을 쏟아 붓습니다. 이제는 어른들만이 아니라 아이들까지도 장차 더 나은 직업을 얻기 위해서 새벽부터 밤까지 책과 씨름하는 세상이 되었습니다. 그들이 학교와 학원에서 배우는 것이라고는 어떻게 하면 사회가 인정하는 더 나은 직업을 얻을 수 있는가 하는 것뿐입니다. 초등학교부터 대학까지 모든 교육은 이를 중심으로 구성되고 이루어집니다. 비록 간간이

인성 교육이라는 것을 받기는 하지만 그것조차도 이제는 점수로 환산되어 더 나은 직업을 위한 도구로 전락하고 있습니다.

'소명'이라고 하면 사람들은 오직 일과 직업만 떠 올립니다. 사회 속에서 하나님께서 나에게 맡겨주신 일만을 소명이라고 생각합니다. 그러나 우리가 이 세상에서 하는 모든 일, 맺는 모든 관계가 전부 소명과 관련되어 있습니다. 이것을 '소명의 다중성'이라고 말할 수 있을 것입니다. 우리는 직업인으로서의 소명을 받았을 뿐만 아니라 참다운 내가 되어가는 소명, 가족의 일원으로서의 소명, 사회의 한 구성원으로서의 소명, 교회의 지체로서의 소명 더 나아가 세계 시민으로서의 소명도 받은 것입니다. 하나님께서 우리를 이 세상에 보내실 때 다양한 관계 속에서 내게 맡겨주신 책임이 바로 소명이기 때문입니다. 그러므로 하나님은 우리가 소명을 잘 감당했는지 평가하실 때에 한 가지 영역만으로 하지 않고 모든 것을 종합적으로 고려하실 것입니다. 이 사회의 잣대와는 다르게 말이죠.

하나님께서 주신 소명을 잘 감당하기 위해서는 준비하고 노력도 해야 합니다. 그래서 일과 직업을 잘 감당하기 위해서 공부도 하고 연구도 하는 것입니다. 그러므로 우리가 직업을 위해 준비하고 노력하는 것은 잘못된 것이 아닙니다. 그러나 일과 직업을 위해서 노력을 쏟듯이 다른 영역의 소명을 위해서도 우리는 준비하고 노력하고 실력을 쌓아야 합니다. 더 나은 인간, 더 나은 가족의 일원, 더 나은 교회의 지체, 더 나은 사회의 구성원, 더 나은 세계 시민이 되기 위해서 배우고 노력하고 애써야 합니다. 훈련과 노력 없이 그냥 되는대로 살다가 소명이 이루어지는 법은 없기 때문입니다. 좋은 직업인이 되기 힘들 듯 좋은 아빠, 좋은 친구, 좋은 시민, 좋은 교회의 지체가 되는 것 역시 쉽지 않습니다. 그렇기 때문에 이 모든 영역에서 끊임없는 노력과 훈련이 필요합니다.

"앞으로 어떤 사람이 될지 말해 보세요" 선생님의 질문이 다시 우리에게 떨어진다면 이제 우리는 다른 대답을 할 수 있을 것입니다.

"예, 저는 하나님의 다중적 소명에 응답하는 좋은 사람이 될 거예요."

그리고 이 모든 영역에서 실력을 쌓기 위해 머리띠를 질끈 동여맬 것입니다.

# 마음의 눈으로 보기

사람에게 있어서 눈은 매우 중요합니다.

우리는 보는 것을 통해서 가장 많은 정보를 습득하기 때문에 결국 보는 것에 의해서 가장 많이 판단하고, 보는 것에 가장 많이 의지하며 살아갑니다. 그래서 "백문이 불여일견" 이라는 속담이나 "보는 것이 믿는 것이다(Seeing is Believing)" 라는 속담이 있는 것입니다. 그러므로 정상적인 눈을 가지고 사는 사람과 그렇지 못한 사람의 삶의 차이는 매우 큽니다.

그러나 이 차이보다 더 큰 것은 신체의 눈으로 보는 삶과 마음의 눈으로 보는 삶의 차이입니다. 우리에게는 신체적인 눈뿐만 아니라 마음, 상상력, 영혼의 눈이 있습니다. 그것으로 우리는 신체의 눈이 보지 못하는 것을 봅니다.

신체의 눈으로만 사는 사람은 매우 현실적이고 이성적입니다. 지금 자신의 눈으로 확인되는 것만 믿으며 그것에만 가장 큰 가치를 부여하기 때문입니다. 반면에 마음과 영혼의 눈으로 사는 사람은 비현실적인 성향이 있습니다. 이 사람들은 보이지 않는 것을 본다고 말합니다. 존재하지 않는 것이 나타날 것이라고 말합니다. 눈에 보이지 않는 것이 더 중요할 수 있다고 말합니다. 그래서 현실적인 사람들은 이들을 가리켜서 꿈을 먹고 사는 사람이라느니, 뜬 구름을 잡으려 한다느니, 또는 무모하다고 조롱하기도 합니다.

정말로 이런 사람들은 무모하고, 허황되고, 비현실적이고, 몽상에 젖어 사는 것처럼 보입니다. 현실 세계에 발을 붙이고 살지 않는 사람처럼 보이기도 합니다. 그러나 바로 이런 사람들에 의해서 세상은 진보해 왔습니다.

인간이 새처럼 나는 엉뚱한 꿈을 꾸는 사람에 의해서 비행기가 만들어졌습니다. 먼 곳에 있는 사람과 만나지 않고도 대화가 가능할 수 있다고 믿는 사람들에 의해서 통신이 발전하게 되었습니다. 태어나면서부터 어떤 사람은 왕이고 어떤 사람은 종이 되는 사회가 정상일 수 없다고 생각하는 사람들의 꿈에 의해서 평등한 사회가 만들어졌습니다.

영혼의 눈으로 보는 사람들은 모험가입니다. 마음의 눈으로 보는 것을 확인하기 위해서 현실의 벽을 뛰어 넘는 사람들입니다. 이런 사람들에 의해서 역사가 창조됩니다. 이들은 눈에 보이는 것이 전부가 아님을 알기 때문입니다. 오스카 와일드(Oscar Wilde)의 말처럼 "표면 너머의 것을 볼 줄 아는 사람은 위험을 감수할 줄 알기 때문입니다."

이런 눈이 있는 사람을 일컬어 믿음을 가진 사람이라고 합니다.

믿음의 사람은 '보이지 않는 것을 보는 사람'이며 '보이지 않는 것에 기초해서 사는 자'입니다. 이들은 눈에 보이는 세상이 전부가 아니라는 것을 압니다. 하나님 나라가 있음을 믿음의 눈으로 보기 때문입니다.

이들은 현실 세계에서 힘이 있는 자가 가장 강한 자가 아니라는 것을 압니다. 세상의 창조자이신 하나님이 있다는 것을 알기 때문입니다.

이들은 이 세상이 주는 것보다 더 좋은 것이 있다는 것을 압니다. 천국에서 누리는 더 큰 축복을 볼 수 있기 때문입니다.

이들은 눈에 보이는 것에만 근거해서 인생의 성공 여부를 판단할 수 없다는 것을 압니다. 모든 인간의 삶을 최종적으로 심판하시는 분이 하나님이고, 그의 심판 기준은 우리가 생각하는 것과는 전혀 다르다는 것을 알기 때문입니다.

예수님은 믿음의 눈을 가지고 있었습니다. 그는 앞으로 누리게 될 기쁨을 위해서 십자가의 고통을 참을 수 있었습니다(히 12:2). 죽음 이후에 맞이하게 될 영광스러운 천국이 있다는 것을 알았기 때문입니다.

다니엘의 세 친구들은 믿음의 눈으로 살았습니다. 그들은 생명을 위협하는 황제 앞에서도 전혀 굴복하지 않고 하나님에 대한 신앙을 고백했습니다. 황제보다 더 크신 하나님이 있다는 것을 알았기 때문입니다.

바울도 믿음의 눈으로 사물을 보는 눈을 가지고 있었습니다. 그는 이 땅에서 쌓아올린 모든 업적을 배설물과 같은 하찮은 것으로 여길 수 있었습니다. 하나님을 아는 지식이 훨씬 귀한 것임을 아는 눈이 있었기 때문입니다.

신체의 눈이 상한 사람을 장애인이라고 합니다. 그러나 더 큰 장애인은 마음의 눈, 영혼의 눈을 잃어버린 사람들입니다. 오직 눈에 보이는 것, 현실적인 것, 내 손에 쥘 수 있는 것에만 의지해서 살아가는 사람들이 바로 그런 사람들입니다. 이들은 위험을 감수하려 하지 않습니다. 모험적인 삶을 살지도 않습니다.

시각장애인은 볼 수는 없지만 대신 다른 감각기관은 매우 발달해 있습니다. 정상적인 눈을 가진 사람도 눈을 가리게 되면 다른 감각이 발달하게 됩니다. 자신에게 이런 능력이 있었나 싶을 정도로 새로운 자극을 잘 분별하게 됩니다.

이처럼 우리도 마음의 눈을 키우기 위해서 종종 육체의 눈을 감을 필요가 있습니다. 보이지 않는 것을 보는 감각을 키우기 위해서 현실만 바라보는 눈을 감을 필요가 있습니다. 보다 모험적인 삶, 위험을 두려워하지 않는 삶을 살기 위해서 안전한 곳만을 찾고 있는 육체의 눈을 감을 필요가 있습니다.

"우리는 믿음으로 살아가지, 보는 것으로 살아가지 아니합니다."
(고후 5:7)

# 보이지 않는 곳에 더 충실하라

최고 기업으로 알려진 회사들은 적어도 한두 가지의 탁월한 장점을 가지고 있는 경우가 많습니다. 이것은 여러 성공한 기업들을 분석한 책들을 읽어보면 쉽게 확인할 수 있습니다. 그런데 그 장점들이라는 게 어떤 기발하고 획기적인 경영기법이나 기술이라기보다는 대부분 상당히 기초적이고 기본적인 것들이라는 점이 우리의 허를 찌릅니다.

올해로 창업 1천 4백 년이 넘는 일본의 어느 건축 전문회사가 있습니다. 이 회사가 이렇게 오랜 세월 동안 기업을 유지할 수 있는 데에는 분명 어떤 비법이 있음에 틀림없을 것입니다. 그 비법을 알려 주는 일화가 하나 있습니다.

1995년 고베 대지진이 났을 때에 고베 인근의 가옥들은 대부분 크게 무너졌지만 이 회사가 지은 사원은 서까래만 약간 비틀린 정도의 타격만 입었을 뿐이었습니다. 그나마 그것도 1년이 지나자 저절로 원상태로 돌아왔다고 합니다.

사장은 그 이유를 '기본에 충실했기 때문'이라고 간단하게 답합니다. 그는 "보이는 곳보다 보이지 않는 곳에 더 충실하라"고 직원들에게 당부하기를 잊지 않는다고 합니다. 예를 들어, 집을 지어도 겉으로 드러나는 곳보다 천장 속을 더 충실하게 마무리 한다는 것입니다. 어두운 천장 속, 그 누구도 볼 리 없는 컴컴한 천장 속도 빈틈없이 마무리를 하며, 보이지 않는 곳이라 해서 싸구려 자재로 얼렁뚱땅 처리하지 않고 오히려 다른 곳보다 훨씬 비싼 자재로 마감한다고 합니다.

다른 사람들이 잘 보지 않는 곳에 충실하는 것, 가장 기본적인 일에 묵묵히 충실하는 것은 말처럼 쉬운 일은 아닙니다. 우리 모두는 그것이 얼마나 어려운지 경험적으로 익히 알고 있습니다. 청소를 해도 눈에 잘 안 띄는 구석이나 테이블 밑까지 신경 쓰기는 쉽지 않습니다. 특별한 괴짜가 아닌 한 보이는 것, 드러나는 일, 사람들의 시선이 쏠리는 것에 더 신경을 쓰게 되는 것이 보통 사람들의 흔한 습관입니다.

그러나 어떤 일이든 그것을 의미 있게 해내기 위해서는 예외 없이 기본에, 그것도 남의 눈에 잘 드러나지 않는 것에 충실해야 한다는 점은 좀 과장해서 말한다면, 인류 역사가 증명하고 있는 것이 아닌가 합니다.

겉모습에만 신경쓰는 생활 습관은 하나님과의 관계에서도 숨기지 않고 자기 얼굴을 드러냅니다. 육체의 눈으로는 하나님이 보이지 않기 때문에 우리는 종종 하나님이 우리 앞에 없다고 생각하면서 살기도 합니다. 아니 오히려 그렇게 행동할 때가 훨씬 많습니다. 그래서 하나님이 나타나실 것이라고 생각하는 시간과 때와 장소에서는 잘 하려고 신경을 많이 쓰지만 (주일, 예배 시간, 교회에서) 그 이외의 시간과 장소와 일에서는 눈가림으로 할 때가 더 많은 것입니다. 이중적인 삶을 사는 것이지요. 교회에서는 신앙이 좋은 것처럼 살지만, 그 이외의 곳에서는 영 딴판으로 사는 것을 말합니다. 사람들이 보지 않는 곳에서 대충 하는 습관이 하나님이 보시지 않는다고 생각하는 곳에서 얼렁뚱땅하는 것과 통하는 것입니다.

그러나 그것은 하나님을 잘 모르기 때문에 나오는 삶의 방식이고 믿음의 삶에 대해서 오해하기 때문에 나오는 태도입니다. 하나님이 어디에나 계시고 무엇이든지 다 보고 계시다면 그의 눈앞에 숨겨질 것은 아무 것도 없기 때문입니다. 두 말할 나위 없이, 그분은 바로 그러한 분이십니다.

세상에서의 성공도 기본적인 것, 남들 눈에 띠지 않는 곳에 얼마나 충실한가 하는 것에 달려 있다면, 신앙의 삶은 더욱 그러할 것입니다. 믿음의 집을 쌓아간다는 것은 그가 얼마나 눈에 띄지 않는 곳에 충실한가에 달려 있습니다.

다른 사람들 앞에 아무리 화려하게 나타난다고 할지라도, 보이지 않는 부분에서 제멋대로의 모습을 드러낸다면 참된 신앙의 삶이라고는 할 수 없을 것입니다. 왜냐하면 원래 믿음은 보이지 않는 것을 보는 것처럼 사는 것이기 때문입니다. 보이지 않는 하나님이 내 앞에 계시는 것처럼 사는 것. 어슴푸레하게 숨겨져 있는 것 같은 하나님 나라의 축복된 삶이 마치 확실하게 눈에 보이는 것처럼 사는 것. 바로 그런 것이 믿음의 본질이기 때문입니다.

이런 믿음이 있는 사람이라면 자신의 삶에서도 잘 보이지 않는 곳이나 남들 눈에 잘 띄지 않는 곳에서의 나의 모습이 훨씬 중요하다는 것을 알 것입니다. 그러므로 어떤 일을 해도, 어떤 상황에 있어도, 어떤 때를 만나도 눈에 보이지 않는, 기본에 충실한 삶을 살 것입니다.

# 아이의 입장에서

아이 엄마가 공부를 해야 할 때가 있었습니다.

그 때 나는 아들을 데리고 어린이 도서관에 가서 같이 놀면서 시간을 보내기로 하고 집을 나섰습니다. 그런데 도서관에 다 왔는데 아이는 엄마가 보고 싶다며 울먹이기 시작하는 것이었습니다. 그러자 나는 엄마에게 시간을 주어야 한다는 사명감(?)에 사로잡혀 아이를 열심히 달래기 시작했습니다. 그러나 그날따라 아이는 웬일인지 더욱 심하게 엄마를 찾았습니다. 설득이 통하지 않자 화가 나 아이를 막 야단치기 시작했습니다. 그런데도 아이는 울음을 그치지 않았습니다. 결국 도서관에 들어가지도 못하고 한참동안 아이에게 화만 내면서 유쾌하지 못한 시간을 가질 수밖에 없었습니다. 아버지와 아들의 단란한 한 때의 꿈이 풍비박산이 난 것입니다. 그 때 아이는 만 세살이 안 되었던 것으로 기억합니다. 엄마를 찾는 것이 지극히 정상일 나이지요. 그것을 이해했어야 하는데…….

그 일이 있은 지 얼마 후에 문득 그 때 일이 생각나서 아이에게 미안한 마음이 들었던 기억이 있습니다. 지금도 그 때 일을 떠올리면 가슴 한구석이 싸해지면서 아들놈 머리를 괜히 쓰다듬곤 합니다. 여전히 남아있는 미안함을 보상하려는 듯이.

구체적인 에피소드는 다르겠지만 이 세상의 모든 부모들은 이와 유사한 경험들을 많이 했을 것입니다. 그 당시에는 부모로서 나름대로 이유가 있어서 했었는데, 지금 돌아보면 전혀 아이의 입장을 고려하지 않고 부모의 시각으로만 했던 행동들이 많이 있습니다. 모두 부모로서 미숙했기 때문입니다.

지금도 이러한 기억들이 떠오르면 아이에게 너무나 미안한 마음이 듭니다. 좀 더 인내할 걸, 좀 더 아이의 입장에서 생각해 볼 걸, 자녀 양육에 대해서 좀 더 배울 걸, 나는 아빠의 자격이 없었어, 등등.

아이가 그 때 일을 지금도 기억하고 있는지 잘 모르겠지만 (어렸을 때의 일이라 기억을 하지 못할 가능성이 큽니다. 다행히도), 그러나 부모로서 나의 행동에 대해 여전히 미안한 마음이 드는 것은 어쩔 수 없습니다.

그렇다고 지금 아이에게 뜬금없이 "미안하다"고 말하는 것도 좀 그렇습니다. 그래서 겉으로는 표현을 못하지만 대신 마음속으로 "아이야, 미안하다. 그 때는 좋은 부모가 되어주지 못해서 미안하다. 너를 좀 더 이해했어야 하는데, 나도 초보 아빠였기 때문에 그렇게 잘하지 못 했단다" 하고 중얼거리곤 합니다.

지금 내가 부모로서 아이에게 하는 행동이 세월이 흘러 좀 더 성숙해진 후에 돌아보면 전혀 다른 평가가 내려질 수 있습니다. 그 당시 몰랐던 실수와 잘못과 오판이 보다 분명하게 보일 것입니다. 아마 아이를 키우는 일에는 평생 동안 이런 과정이 반복되지 않을까 싶습니다. 보다 빨리 완벽한 부모가 된다면 이런 실수와 잘못을 줄일 수 있겠지만, 어쩔 수 없는 인간인지라 그것이 생각만큼 잘 되지는 않습니다.

그럼에도 불구하고 이것이 더 나은 부모가 되어가는 과정이라고 생각하면서 스스로 위로하곤 합니다. 과거의 실수에 대한 기억은 현재와 미래에 더 나은 부모가 되어야겠다는 다짐을 새롭게 하는 좋은 기회가 되기에 고마운 일이라고 생각하기도 합니다.

또 다른 한편으로, 우리의 부모님들도 나와 비슷한 마음이 아니었을까 하는 생각도 듭니다.

우리를 키울 때 잘못했던 일들을 훗날 떠올리면서 미안한 마음을 가지지 않았을까요?

그런 마음이 들 때마다 우리를 향해 소리 없이 "미안하다"는 말을 수없이 읊조렸을지도 모릅니다. 겉으로는 드러내어 그 마음을 표현하지 못했을지라도 말이죠.

이렇게 생각해 보니, 혹시 우리 안에 부모의 잘못이나 실수로 인해 생긴 분노나 상처가 있더라도 이제는 부모님의 말 없는 사과를 받아들여야 하지 않을까 생각합니다. 우리가 불완전한 부모이듯이 우리의 부모도 불완전한 부모였을 테니까요.

이런 과정을 거치면서 우리는 과거(부모)와 화해하고, 현재(아이들)와 화해하면서, 미래의 더 나은 가족 관계를 향해 나아갈 것입니다. 이 과정의 끝에는 우리가 꿈꾸는 아름다운 가정의 모습이 이루어지리라는 소망을 가지면서 …….

# 내 안에 있는 권력욕

사회적으로 민감한 이슈가 대두될 때마다 종종 등장하는 구호가 자유민주주의 정체성을 지키자는 것입니다. 그런데 이런 구호를 앞세우는 사람들이 정작 자신과 다른 견해를 가진 사람들의 입을 틀어막고, 더 나아가서는 그들을 이 사회에서 제거하려는 시도를 하기도 합니다. 심지어는 다수의 힘, 언론의 힘, 권력의 힘을 동원해서라도 '자신들이 주장하는 자유민주주의'를 관철시키려 합니다. 그러나 불행히도 이런 과정에서 이미 '민주주의'는 소실되어 버립니다. 왜냐하면 민주주의의 기초는 자유로운 토론의 보장에 있기 때문입니다.

어느 법학자는 민주주의에 대해 이렇게 설명합니다.

"민주주의는 서로 다른 가치관과 생활양식, 문화를 가진 집단 간의 대립과 상쟁을 전제로 한다. 문제 해결은 자신과 다른 상대를 '절멸' 시키는 것이 아니라 자신의 비전과 계획을 설득하는 것이다."

결국 민주주의는 '비용'이 드는 체제이며 그 이상이 고귀하다면 그 비용도 기꺼이 감수해야 합니다. 그러므로 우리가 진정으로 민주주의를 체득하기 위해서는 나와 다른 견해를 가진 사람들의 목소리에 귀를 기울이고, 공정한 규칙에 의해 치러지는 경쟁에 임하고, 그 결과에 깨끗하게 승복하는 자세가 필요합니다.

물론 민주주의가 싫다면 이런 절차를 버리면 됩니다. 그러나 민주주의가 좋다고 생각하고 그 원리를 따르기로 했다면, 그 규칙도 따라야 하는 것입니다.


보다 성숙한 사회로 가기 위해서는, 보다 성숙한 집단이 되기 위해서는 이런 자세가 필요합니다. 충분한 토론과 논증 없이 내 의견만이 절대적으로 옳다고 주장하고 다른 사람의 입을 막아 버리려는 태도는 또 다른 폭력에 불과합니다.

우리의 주장과 견해는 토론과 논쟁이라는 검증 과정을 통과해야 하며, 마찬가지로 다른 사람의 주장도 토론과 논쟁을 통해서 그 옳고 그름이 판가름 나야 합니다. 그러나 그런 과정에서 절대적으로 지켜져야 할 것은 그 사람에게도 자신의 견해를 밝힐 수 있는 자유를 주어야 한다는 점입니다.

사람들은 권력을 휘두르는 사람들을 못마땅히 여깁니다. 독재자들은 나쁘다고 이구동성으로 외칩니다. 그러나 자신들 속에도 이러한 독재와 권력욕의 씨앗이 숨어 있다는 것을 잘 보지 못합니다.

예를 들어, 토론 과정에서 나의 견해가 채택되지 않았을 때에 기분이 나빠지는 것은 내 안에 권력욕이 있기 때문입니다. 처음에는 토론을 통해서 더 나은 의견을 찾아보자고 했지만, 내 의견이 채택되지 않자 안색이 어두워지는 것은 어떻게든 내 의견이 관철되는 것이 원래 내 안에 숨어 있는 무의식적인 의도였기 때문입니다. 아무리 다수의 사람들이 다른 사람의 견해가 더 낫다고 말해도 나는 승복하고 싶지 않습니다. 그들이 무지하거나 판단력이 부족해서 그렇다고 여기기 때문입니다.

이처럼 우리 안에도 민주주의를 무시하고 나의 권력욕을 만족시키고자 하는 무서운 욕구가 도사리고 있습니다.


권력욕은 인간의 원죄입니다. 하나님과 같은 존재가 되고자 하는 욕구가 바로 권력욕이요, 에덴에서 처음 인간들이 지었던 죄였습니다. 그 이후로 모든 인간은 어떻게든 다른 사람 위에 서려 하고 자신의 생각만을 강요하려는 욕구에 사로잡혀 있습니다.

권력욕의 가장 빈번한 돌출은 나의 뜻을 다른 사람에게 관철시키려는 시도입니다. 그러나 모든 사람이 이러한 욕구가 있기 때문에 결국 충돌이 일어날 수밖에 없습니다. 우리 모두는 동일한 죄인이기 때문입니다.

결국 그대로 놔두면 충돌할 수밖에 없는 의견들을 정리해 줄 수 있는 민주주의가 필요한 것입니다. 그러나 민주주의는 저절로 습득되지 않습니다. 배워야 하는 것입니다. 대가를 지불하고 배워야 합니다.

독재는 쉽습니다. 그러나 함께 가는 데는 실패합니다. 죄성을 다스리는 데에도 실패합니다.

민주주의는 어렵습니다. 비용도 듭니다. 그러나 우리 모두를 동일한 인격을 가진 인간으로 대우해 주는 데 성공합니다. 우리 안에 있는 본원적인 욕구를 제어하는 데 성공합니다.

혼자 가기는 쉽습니다. 그러나 우리 모두가 함께 가야 하는 인간들이라면, 우리는 민주주의를 배워야 합니다. 이것은 어느 가정에서나, 어느 조직에서나, 어느 사회에서나, 어느 나라에서나 마찬가지입니다.

토론, 무서워하지 맙시다.

그 과정에서 내 견해가 탈락되어도 기분 나빠하지 맙시다.

그만큼 민주주의는 성숙해지고 있기 때문입니다.

그만큼 내 안의 죄를 다스리는 데 성공하고 있기 때문입니다.

# 신문읽기

혹시 신문을 보십니까? 인쇄된 신문이 아니라면 인터넷으로라도?

신문을 볼 때에 어느 면을 가장 먼저 보십니까? 스포츠? 아니면 연예? 혹시 증권시세표는 아닙니까?

자신의 관심과 취향에 따라 먼저 보거나 좀 더 유심히 보는 면이 결정되는 것 같습니다. 예를 들어, 평소에는 증권시세표가 왜 신문에 이렇게 큰 자리를 차지하고 있어야 하냐고 불만을 터뜨리다가도 증권 투자를 시작하게 되면 가장 먼저 들춰보는 면으로 바뀌게 됩니다.

신문에는 인간 세상의 다양한 차원들이 담겨 있습니다. 이웃에서 일어난 일부터 지구 정반대편에서 사는 사람들의 이야기, 사람들이

죽는 이야기와 더불어 멋진 신기원을 이룩한 발명과 같은 이야기 등등.

그러나 우리가 눈여겨보는 것은 대개 한정되어 있습니다. — 신문 하나를 두세 시간에 걸쳐 광고와 부고란까지 다 살펴보는 사람은 제외하고 — 이것은 우리 주변에 수많은 정보가 널려 있지만 우리가 눈길을 주는 것은 우리의 관심 영역에만 국한된다는 것을 잘 보여주는 예이기도 합니다.

텔레비전을 봐도 내가 보고 싶은 것만 보며, 책을 읽어도 읽고 싶은 책만 읽고, 음악을 들어도 듣고 싶은 것만 듣는 것과 같습니다.

기본적인 취향과 관심이라는 것이 어떤 것을 보고 들을지를 결정합니다. 그 취향과 잘 안 맞는 것을 보거나 들으려면 재미도 좀 희생해야 하고 지루함도 참아야 하며, 때로는 결심과 용기가 필요하기도 합니다. 그래서 웬만하면 사람들은 자신의 눈과 귀가 취향대로 가도록 내버려둡니다. 그것을 바꾸려고 특별한 노력을 기울이려고 하지 않습니다.

그런데 이제는 거꾸로 내가 관심을 가지고 보는 것에 의해서 나 자신이 점점 형성되어 갑니다. 우리는 외부의 자극과 교육에 의해 영향을 받으면서 형성되는 사람들이기에 결국 보고, 듣고, 배우고, 느끼는 것에 의해서 내가 만들어지는 것입니다.

이런 점에서 어떤 것을 보느냐 하는 것은 매우 중요합니다. 비록 짧은 시간에 작은 기사 하나를 보더라도 그것이 조금씩 쌓이면서 나의 생각과 관점을 형성하게 됩니다. 계속적인 자극은 자신의 자취를 남겨놓기 때문입니다.

그렇기 때문에 무엇을 보는가 하는 것은 매우 중요합니다.


"여러분은 이 시대의 풍조를 본받지 말고, 마음을 새롭게 함으로 변화를 받아서"(롬 12:2)라는 바울의 권면은 여기에도 적용될 수 있습니다. 왜냐하면 우리는 자주 보는 것을 본받게 되기 때문입니다. 가랑비에 옷 젖듯이 하루에 하나씩 보는 것에 의해 점차 내 생각과 가치관이 형성되어가기 때문입니다. 이 세대를 자꾸 쳐다본다면 그것에 의해 내가 형성됩니다. 마찬가지로 어떤 종류의 기사를 자주 볼수록 그 영향을 더 많이 받게 됩니다. 그렇기 때문에 우리가 마음을 새롭게 하기 위해서는 지금 보는 것을 점검할 필요가 있습니다.


내 취향과 관심에만 국한시키지 말고, 눈길이 잘 안 가는 것도 좀 더 의도적으로 보려고 노력할 필요가 있습니다. 더욱이 내 관심과 취향이 이 세상이 우리의 눈길을 붙잡기 위해 매우 자극적인 것으로 유혹한 결과라면 더욱 그렇습니다. 보통 3S(스포츠, 스크린[혹은 연예], 섹스)라고 불리는 것들이 이에 해당됩니다. 이것들은 우리의 눈과 관심과 돈을 잡아두려고 매우 현란한 치장으로 추파를 던집니다. 그러나 그것은 '실제 세계'가 아니기 때문에 우리가 그것에 끌려가지 않도록 조심해야 합니다.

내가 지금 좋아하는 것, 편한 것, 쉬운 것, 마음이 가는 것만 보고 듣게 되면 세상이 의도하는 모습으로 변하게 됩니다. 성장하는 데도 한계가 있습니다. 폭도 넓어질 수 없습니다. 우리네 삶을 전체로 보지 못하게 됩니다. 나와 다른 것을 보는 사람들을 이해하지도 못하게 됩니다.

그러므로 세상을 보다 정확하게 이해하기 위해서, 다른 사람들의 삶을 이해하기 위해서, 내 생각의 편협함을 교정하기 위해서 신문 하나를 보더라도 눈길이 잘 안 가는 기사도 의도적으로 열심히 봐야 합니다.

오늘도 이러저리 들척이는 신문, 클릭하는 기사 하나하나에 의해 나의 삶이 형성됩니다.

어떤 기사를 보시렵니까?

# 아이들이 가장 좋아하는 선생님

어린이들이 가장 좋아하는 선생님은 어떤 분일까요? 최근에 이에 관한 조사 결과를 본 적이 있었습니다.

4위, '잘 생기고 예쁜 선생님.' (역시 영상 세대)

3위, '잘 가르쳐 주시는 선생님.' (선생님이 무엇을 하는 사람인지 좀 아는 모양)

2위, '잘 놀아주시는 선생님.' (학교의 놀이터화, 공부의 놀이화, 선생님의 놀이 동무화, 고로 신나는 학교)

그럼 1위는 무엇이었을까요? 아이들은 '우리를 이해해 주시는 선생님'을 최고로 뽑았습니다.

저는 아들에게 이 결과를 보여주면서 물어보았습니다.

"너는 어떤 선생님이 좋아?"

"놀고 싶은 마음을 이해해 주는 선생님." (한 번에 두 마리의 토끼를 다 잡으려는 것 같습니다)


사람들은 모두 자기를 이해해 주는 사람, 자기를 받아주는 사람을 좋아합니다. 아이나 어른이나 할 것 없이 나를 이해해 주는 사람 앞에서는 참 편합니다. 쉴 수 있습니다. 내가 존중받는다는 느낌을 갖게 됩니다. 이해심이 많은 사람 주변에 사람들이 모이는 것도 이해할 만합니다.


그런데 이해심은 두 가지가 있어야 가능합니다.

하나는, 인내심입니다. 마음속에 생기는 다른 사람에 대한 판단과 그것을 조언이라는 이름으로 뱉어내려는 성급함을 제어할 수 있는 인내심이 있어야 합니다. 나의 판단이 잘못될 수도 있다는 겸손함과 좀 더 시간을 두고 그 판단을 검증해 보고자 하는 조심스러움이 뒷받침되어야 섣불리 내 생각을 쏟아놓지 않게 됩니다. 이런 태도는 다른 사람의 말을 더욱 잘 들어주게 되고, 상대방은 자신이 받아들여지고 있다는 느낌을 갖게 됩니다.


또 다른 하나는, 그 사람의 입장에서 보는 것입니다. 영어식으로 말한다면, 그 사람의 신발을 신어본다고 표현합니다(put myself into his[or her] shoes) 내 신을 굳게 신은 채로는 결코 다른 사람을 이해할 수 없습니다. 그 사람의 신을 신어보아야만 비로소 그 사람의 처지와 입장이 이해된다는 것입니다. 고집과 자기 확신이 강한 사람에게는 이렇게 하는 것이 결코 쉽지 않습니다.

물론 이해해 준다고 해서 무조건 그 사람을 인정하고 승인한다는 것은 아닙니다. 분명한 잘못은 지적할 수 있어야 하고 필요하다면 책망할 수도 있어야 합니다. 그러나 단지 판단하고 정죄하려는 태도가 아니라 이해하려는 마음으로 그렇게 하는 것은 전혀 다른 결과를 가져옵니다. 투쟁과 대립이 아니라 협력과 대화가 가능해지는 것입니다.

부모와 자식, 친구와 친구, 선생님과 학생, 경영자와 노동자 등등, 그 어떤 관계도 이해하려는 태도가 바탕을 이루지 못하면 신뢰와 상생의 관계로 나아갈 수 없습니다.

세상은 이해받고 싶은 사람들로 점점 가득 차고 있습니다. 그러나 이해를 원하는 사람들만 많아진다면 결코 그 바람을 이룰 수 없을 것입니다. 이해받기를 원하는 사람들이 많아질수록 이해해 주는 사람도 많아져야만 균형이 유지될 수 있습니다. 인내심으로 다른 사람의 신을 신고서 생각할 줄 아는 사람이 많아져야 하겠지요.

그러나 현실은 그렇지 않은 것 같습니다. 저마다 이해받고 싶은 마음만 많은 것 같습니다. 점점 마음이 급해져서 다른 사람의 말을 참고 들어주려고 하지 않습니다. 점점 자기 자신만이 중요하다고 생각해서 다른 사람의 입장을 조금도 생각하지 않습니다.

그래서 시소가 움직이지 않습니다. 서로 올라가는 쪽에만 타기를 고집하기 때문입니다. 누군가가 내려가야만 다른 쪽이 올라갈 수 있는데도 말이지요. 재미있는 시소 놀이는 서로 올라가고 내려가는 것을 주고받을 때에 계속될 수 있습니다. 살만한 인간 세상은 이렇게 계속 움직이는 시소 위에서만 가능해집니다. 인간 세상은 서로 이해해 주고 이해받는 상호작용이 이루어져야 행복으로 가득 차게 됩니다.

누가 먼저 내려가는 역할을 맡을까요?
누가 먼저 인내심을 가지고 다른 사람의 입장에 서보려는 노력을 기울일까요?

# chapter 4

# 삶이 틀어진 곳에서
# 다시 경기를 시작하라

# 삶이 틀어진 곳에서
# 다시 경기를 시작하라

영국이 인도를 지배할 때의 일이었습니다.

여가를 즐기기 위해 영국인들은 인도에 골프장을 만들었습니다. 그런데 골프를 칠 때마다 원숭이가 나타나 공을 이리저리 옮겨놓곤 하였습니다. 당연히 골프 경기는 지연될 수밖에 없었고 사람들은 원숭이를 쫓으랴, 골프공을 찾아서 원래 위치에 갖다 두랴, 온통 정신을 빼앗겨서 정작 골프를 즐길 수가 없었습니다. 참다못한 그들은 골프장의 담장을 높이기도 하고 경비원을 두기도 했지만 원숭이들의 날렵함을 당해낼 수가 없었습니다.

결국 영국 사람들은 인도에서만 통용되는 새로운 골프 규칙을 만들었습니다. 그것은 '원숭이가 공을 갖다 놓은 그곳에서 경기를 계속 진행하라' 는 것이었습니다. 이러한 규칙을 따르게 되면서 전혀 예상 밖의 결과가 나타났습니다. 엉뚱한 방향으로 날아간 공을 원숭이가 낚아채서 홀 컵에 집어넣어서 좋은 점수를 얻기도 하고, 공을 잘 쳤지만 원숭이의 방해로 좋은 결과를 얻지 못하는 일이 계속 일어난 것입니다. 그러나 나중에는 오히려 이러한 골프 경기에 재미를 느끼게 되고 예측하치 못한 상황을 즐기는 데까지 이르게 되었습니다. 규칙에 적응하게 되면서 경기의 또 다른 묘미를 맛보게 되었습니다.

이런 과정을 통해서 그들은 중요한 교훈을 배우게 되었습니다.

우리의 인생도 그와 같다는 것이었습니다. 우리의 삶에서 일어나는 일을 우리 자신이 완벽하게 통제할 수는 없을 뿐더러, 아무리 노력해도 모든 일이 내 계획대로 되는 것이 아니라는 점입니다. 문제는 우리가 그러한 상황에 짜증을 내고, 바꿀 수 없는 과거에 신경을 쓰느라 정작 앞에 놓여진 삶도 제대로 살지 못한다는 데에 있습니다. 이를 통해서 영국인들은 지혜를 배운 것입니다.

"삶이 틀어진 곳에서 다시 경기를 시작하라."

이것은 어쩔 수 없는 숙명론이 아닙니다. 자포자기 하는 심정도 아닙니다.

우리 삶에 예기치 못한 일이 일어나도, 내 뜻대로 모든 일이 되지

않더라도, 방해 세력이 내 길을 막거나 엉뚱한 곳에 내 삶을 던져 놓을지라도, 내 삶은 하나님의 손에 있음을 믿기 때문에 계속 경기를 진행할 수 있는 것입니다.

"삶이 틀어진 곳에서 다시 경기를 시작하라."

다시 털고 일어나, 마음을 고쳐먹고, 장비를 챙겨서 경기에 다시 임하는 것입니다. 주님께서 부르신 삶의 경기에.

우리는 그런 일들이 왜 일어나는지, 주님께서 그것을 통해서 무엇을 하시려는지, 내 삶이 어디로 인도될 것인지 잘 모릅니다. 그럼에도 힘차게 다시 나아갈 수 있습니다.

"지금은 내가 부분밖에 알지 못하지마는, 그 때에는 하나님께서 나를 아신 것과 같이, 내가 온전히 알게 될 것입니다."(고전 13:12)

내 삶이 주님의 손에 있다는 것을 알게 될 때에 우리는 인생의 새로운 규칙에 따라 사는 법을 배우게 될 것입니다.

"삶이 틀어진 곳에서 다시 경기를 시작하라."

# 흉측하게 생긴 발

　한때 축구 선수 박지성의 발 사진이 공개되면서 많은 사람들이 놀라워한 적이 있었습니다. 아마 대다수의 사람들은 그 사진을 보면서 그가 세계 최고의 명문 클럽 중 하나인 맨체스터 유나이티드(Manchester United FC)에 스카우트 된 것이 결코 우연이 아니었다는 사실에 고개를 끄덕였을 것입니다. 그 흉측하게 생긴 발을 보면서 그가 견뎌내야 했던 힘든 훈련이 연상되기도 했을 것입니다.

　훈련 없이, 노력 없이 결과가 주어지는 것이 결코 아니라는 것을 스포츠의 세계는 잘 대변해 줍니다. 발을 곱게 간직하면서 뛰어난 축구 선수가 되기 힘들고, 손을 예쁘게 다듬으면서 놀라운 야구 선수가 되는 것은 거의 불가능에 가까우며, 관절에 심한 상처를 한 번도 입지 않고서 백발백중의 농구 선수가 되기는 어렵습니다.

이것은 다른 분야에서도 마찬가지입니다. 발레리나의 발가락을 보면 흉하다 못해 끔찍하다는 느낌이 들 정도입니다. 바이올리니스트의 목에서는 상처 수준을 넘어 죽은 빛깔의 피부를 목격할 수 있습니다. 엉덩이에 못이 박히지 않고, 목과 눈에 만성적인 고통의 흔적 없이 위대한 연구 결과를 낼 수 없습니다.

몸에 어떠한 상처도 남기지 않고 멋진 메달을 얻을 수는 없습니다. 상처와 상실을 두려워하는 사람에게는 그 어떤 귀중한 것도 찾아오지 않습니다.

내가 가지고 있는 것이 절대로 손상되지 않기를 바란다면 더 가치 있는 새로운 것을 얻기는 어렵습니다. 무엇인가를 향해 나아가는 과정에서 상처는 어쩔 수 없는 것입니다. 오히려 각오해야 하는 것이기도 합니다. 다른 말로 하면, 무엇인가를 얻기 위해서는 포기하는 것도 생기게 된다는 것입니다. 어떤 희생도 치르지 않은 채 새로운 것을 얻는다는 것은 어렵기 때문입니다.

사람을 얻는 일도 마찬가지입니다.

상처받기를 두려워하면 어떤 사람도 내 사람으로 만들 수 없습니다. 관계가 가까워질수록 더 많이 상처받을 각오를 해야 합니다. 그것만이 아니라 내가 가진 것을 꼭 쥔 채로 다른 사람이나 그의 것을 얻을 수는 없습니다. 그 사람이 귀하고 그 사람이 가진 것이 소중한 것이라면, 그것을 얻기 위해서 내가 가진 것 중에서 내어주는 것도 있어야 합니다. 그렇기 때문에 오랫동안 아름다운 사랑을 지속하고 있는 사람들에게 깊은 상처의 흔적 또한 자리 잡고 있다는 것을 발견하는 일은 별로 놀라운 것이 아닙니다.

하나님 나라의 원리도 마찬가집니다. 귀한 것을 얻기 위해서는 버려야 하는 것이 있어야 합니다. 제자들은 사람을 낚는 어부가 되기 위해서 고기 잡는 그물을 버려야 했습니다. 선한 사마리아인은 죽어가는 사람의 생명을 구하기 위해서 자신의 시간과 노력과 돈을 버려야 했습니다. 예수님은 사람들을 품기 위해서 지워지지 않을 상처를 자신의 몸에 남기셨습니다. 이 모든 것은 천국 보화를 얻기 위해서 자신의 모든 소유를 팔아 밭을 사는 사람과 같은 것입니다. 자신의 소유를 파는 것이 아깝다면 결코 천국 보화를 얻을 수 없습니다.

이처럼 소중한 것을 얻기 위해서는 주는 것, 희생하는 것, 버리는 것이 있어야 합니다.

우리에게 꿈이 있다면, 기대가 있다면, 소망이 있다면, 먼저 내어놓아야 할 것을 생각해야 합니다. 치러야 할 희생을 각오해야 합니

다. 그리고 장차 받을 상처를 두려워하지 않도록 마음을 다잡아야
합니다. 이로써 이루어진 소망은 이 모든 희생과 상처를 더욱 아름
답고 빛나게 해줄 것입니다.

# 가벼운 발걸음

고대 이스라엘 백성들이 처음에 이집트로 내려갔을 때에는 영웅 대접을 받았습니다. 좋은 땅에서 배부르게 먹으면서 원하는 일을 하면서 살 수 있었습니다. 모든 것이 너무 잘 풀려서 이러한 행복과 성공이 영원히 지속되리라고 생각했습니다. 아마 그들은 바로 이곳이 하나님이 그들에게 영원히 주시는 낙원이라고 생각했을 것입니다. 그러나 하나님의 계획은 그것이 아니었습니다. 그들은 그곳에서 잠시만 살 것이었고 언젠가는 거기서 나와 가나안 땅으로 이주하는 것이 하나님의 뜻이었으니까요.

초기에 하나님께서 이스라엘 백성들에게 나타나 이제 떠날 시간이라고 말했다면 아마 그들은 하나님의 말씀을 온 몸으로 거부했을 것입니다. 그들이 그곳에서 평안하고 성공적인 삶을 영원히 살 수 있다고 생각했다면 굳이 모세를 따라 미지의 세계인 가나안으로 선 뜻 나설 수 없었을 것입니다.

갑자기 모세가 나타나서 "여러분, 이제 우리가 떠날 시간입니다. 이제는 이집트를 떠나서 하나님께서 약속하신 가나안으로 가는 여정을 시작할 때입니다" 라고 말한다고 해서, 또는 그것이 하나님의 계획이요, 오래된 약속을 성취하는 것이라고 말한다고 해서 쉽게 그곳을 떠날 수 없었을 것입니다. 이집트를 떠나는 것은 자신들이 지금까지 누리던 많은 좋은 것들의 포기를 뜻하기 때문입니다. 떠나는 것이 더 큰 복을 주고자 하는 하나님의 계획이라고 말해주어도 지금 누리고 있는 안락함에 취한 그들의 귀에 전혀 들어오지 않았을 것입니다.

그러나 세월이 지나면서 그들에 대한 이집트인의 인식은 달라졌고 소수민족이었던 그들은 결국 노예와 같은 상태로 전락하고 말았습니다. 너무나 힘든 삶이 지속되어서 그 땅에 대한 미련이 사라져 버렸습니다. 어떻게든 그 상태에서 떠나는 것이 살 길이라는 생각 뿐이었습니다. 이처럼 이집트에서 이스라엘 백성들이 탈출하고자 하는 열망이 강력했던 것은 그곳에서의 삶이 너무나 힘들었기 때문이었습니다. 그들은 더 이상 현재의 삶을 지탱할 수 없어 새로운 탈출구를 찾았고, 그러던 차에 모세를 통해서 오래전에 약속하신 하나님의 계획을 듣고 기꺼이 따라나설 수 있었습니다.

사람들은 살만하거나 일이 잘 풀리는 것 같으면, 또는 자신의 꿈이 어느 정도 성취되는 것 같으면 그 길에서 벗어나 다른 곳으로 가거나 새로운 일을 시도하기를 거부하는 경향이 있습니다. 안정지향성이 강하기 때문입니다.

그런 상태에서는 더 큰 약속의 성취를 향해서 나아가는 것이 하나님의 뜻이라고 말해도, 오히려 내가 누리는 평안을 더 이상 흔들지 않기를 바라는 마음만 생길 것입니다. 결국 현재의 안락한 삶에 안주하게 되고, 나를 통해서 더 큰 일을 이루기를 원하시는 하나님의 계획과 뜻을 거부하게 됩니다. 모든 일이 잘 되는 것 같으면 하나님의 더 큰 뜻에 별로 관심이 생기지 않습니다. 다만 지금 누리고 있는 것을 좀 더 오래 지속하고픈 욕구만 있을 뿐입니다.

그래서 새로운 변화를 추구하고 새로운 것을 향해 나아가려는 내적인 동력이 생기지 않는 것은 물론이고, 변화를 초래할 만한 외적인 요소들에 대해 적대시하는 경향까지 생기게 됩니다. 이것을 '기득권' 유지를 위한 집착이라고 할 수도 있을 것입니다. 이런 상태에서 내 인생의 최대의 적은 현 상황을 흔드는 그 무엇이고, 현재의 평안함을 깨뜨리는 것들이며, 현재 누리고 있는 것을 포기하도록 만드는 것들이 됩니다.


현재의 평안함에 너무 안주하게 되면 우리의 시야가 좁아지게 될 위험이 있습니다. 현재 누리고 있는 것을 빼앗기지 않으려고 집착하게 되면 더 큰 차원의 누림을 위한 하나님의 계획을 보지 못하게 됩니다. 현재 나의 성공에 너무 만족하게 되면 나를 이끌어 다른 사람과 민족을 위한 축복의 통로로 만드시려는 하나님의 계획에 동조하지 못하게 됩니다.

어려움에 직면해서 내가 누리고 있는 평안함이 영원히 지속될 수 없는 것임을 알고, 그 성공을 가져온 것이 나의 능력 때문이 아님을 깨닫고, 삶에 대한 나의 바람이 언제나 그대로 성취되는 것이 아님을 알 때에야 우리는 비로소 하나님을 찾고, 하나님의 계획을 묻고, 하나님의 뜻에 순종하고자 하는 마음이 생기게 됩니다.


좌절과 고난이라는 비극에 내재한 희극의 요소가 바로 이것입니다. 좌절과 고난은 우리를 흔듭니다. 우리를 현 상태에 머무르지 못하게 합니다. 과거와 현재에 매여있지 않게 합니다. 눌러앉아 있지 못하게 합니다. 새로운 것을 향해 나아가게 합니다.

그것만이 아닙니다. 좌절과 고난은 내 인생을 보다 넓은 관점에서 보게 합니다. 내 인생을 다시금 다른 사람과 하나님과의 관계에서 보게 합니다. 나로 시작해서 나로 끝나는 삶이 아니라 하나님의 계획 속에서 언제나 열려 있는 것으로 보게 합니다.

네 살 난 아들이 자폐증임이 밝혀진 후에야 비로소 이 땅의 수많은 장애인들의 삶이 눈에 들어오고, 그들을 향한 사회의 불평등한 대우가 가슴에 뼈저리게 전달되어 가족의 안락함을 위해서만 살아온 것이 너무 이기적이었음을 깨달은 친구의 고백이 생각납니다.

고난은 우리의 마음을 열리게 합니다. 다른 사람을 보게 합니다. 우리를 움직이게 합니다. 삶의 전망을 새롭게 합니다.

우리는 지금 어떤 상태에 있나요?

현재의 평안함에 취해서 한 걸음 더 내딛기를 원하시는 주님의 뜻을 거역하고 있지는 않은가요?

혹은, 어려움에 직면해서 나의 한계를 인식하고 이제 하나님의 부르심에 기꺼이 순종하여 따라 나서고자 하는 겸손한 마음이 생겨나고 있는 상태인가요?

그 어느 쪽이든 하나님은 결코 우리의 현재 상태에 만족하지 않으신다는 사실을 기억한다면 변화를 향한 우리의 발걸음은 훨씬 더 가벼워질 수 있을 것입니다.

# 맷집 키우기

권투는 남을 때리는 경기입니다. 더 많이 때려서 충격을 주어야 이길 수 있는 경기입니다. 그래서 사람들은 어떻게 하면 더 효율적으로 때릴 수 있을지 연구하고 훈련합니다.

그런데, 때리는 것보다 더 중요한 것이 있습니다. 그것은 매를 견디는 것입니다. 하나도 안 맞으면서 때리는 것은 불가능합니다. 내가 아무리 많이 때려도 한 방 먹은 것에 의해 KO 된다면 게임은 그것으로 끝나는 것입니다. 그래서 선수들은 매 맞는 훈련 역시 치열하게 합니다. 이것을 '맷집'을 키우는 것이라고 합니다.

우리의 삶에서도 이 '맷집'을 키워야 할 때가 많이 있습니다. 아무리 공격적으로 인생을 산다고 해도, 단 한 번의 타격으로 쓰러져서 포기해 버리면 모든 것이 헛수고가 됩니다.

일의 실패, 지연, 좌절, 다른 사람의 방해, 공격 등은 언제든지 일어날 수 있습니다. 인생을 살면서 이런 일이 전혀 일어나지 않을 것이라고 생각하는 것은 너무 순진한 생각입니다. 문제는 이런 일들을 견딜 수 있는 맷집을 얼마나 키워 놓았느냐 하는 것입니다.

성 아우구스티누스의 말대로 이 세상에 죄 없는 사람은 한 사람 있었지만(예수 그리스도) 고난을 당하지 않은 사람은 하나도 없습니다. 그러나 고난의 펀치를 맞았을 때에 나타나는 반응은 사람마다 다릅니다.

어떤 사람은 고난과 실패가 상처가 되어 평생 그것에 얽매여 살아갑니다. 몇 대 맞은 영향이 너무 오래 지속되어서 현재와 미래까지도 볼모로 잡혀서 살아갑니다. 그 사람이 내리는 모든 결정, 하는 일, 모든 관계가 다 그 영향 안에 있게 됩니다. 그 결과 정상적으로 움직일 수가 없게 됩니다. 때로는 마치 모든 것을 포기한 사람처럼 살아가기도 합니다. 시간이 지나면서 충격이 완화되는 것이 정상인데 이 사람은 그 때 받은 충격 속으로 자꾸 기어들어갑니다. 사회적으로 극악한 범죄를 저지르는 사람들이 이럴 경우가 많습니다. 유영철은 감옥 속에서 일방적으로 이혼을 당한 충격으로 출소 후에 수많은 여성들을 죽이게 되었다고 합니다. 결국 과거의 충격이 원한과 복수심으로 변하여 그의 인생뿐만 아니라 수많은 사람들의 삶까지도 망치게 된 것입니다.

물론 이러한 사람들이 받은 상처는 매우 컸을 것입니다. 아마 그 당시에는 거의 죽기 직전까지, 즉 삶을 포기하고 싶은 지경까지 갔을지도 모릅니다. 그렇지만 시간이 흐른다는 것은 우리에게 다시금 원기를 차릴 수 있는 기회를 준다는 것과 같은 의미임에도 불구하고 이들은 오히려 과거에 포로가 되는 삶을 지속합니다. 결국 과거가 그들의 현재와 미래를 삼켜버리게 됩니다.


요셉은 억울하게 고통과 상처를 받은 사람의 대표로 등장합니다.

그는 사랑하는 형제들에게 배신을 당해 노예로 팔렸을 뿐만 아니라, 그 고통을 이기고 성실하게 살려고 했음에도 불구하고 또 다시 무고를 당해 감옥에까지 갇히게 되었습니다.

그러나 그는 고통 속에서도 자기 연민에 빠지거나 원한에 사무쳐서 그것이 자신의 삶을 망치도록 내버려두지 않았습니다.

물론 그도 눈물로 지새웠던 날들이 있었을 것입니다. 억울한 울분 속에서 뜬 눈으로 밤을 지새웠던 적도 많이 있었을 것입니다. 그러나 그럼에도 불구하고 그는 과거의 상처와 현재의 고통이 자신의 걸음을 완전히 멈추게 하지 않았습니다. 그것들이 미래를 삼켜버리도록 내버려두지도 않았습니다.

우리가 인생이라는 경기에서 이기기 위해서는 그 과정에서 매를 맞을 수도 있다는 것을 인정해야 합니다. 덜 맞고 더 맞느냐의 차이는 있을 수 있지만 맞는다는 사실에는 예외가 없습니다.

그러나 상처와 고통이 나의 인생에 얼마나 큰 영향을 미치게 하는지의 여부는 나에게 달린 문제입니다. 즉 과거를 바꿀 수는 없지만 그것과 미래와의 연결고리를 차단하려는 노력은 내가 결정할 수 있는 것입니다. 어떤 사람은 이런 기도를 합니다.

"변화가 가능한 것을 변화시킬 수 있는 용기와, 변화시킬 수 없는 것을 받아들이는 겸손함 그리고 그 둘 사이를 분별할 수 있는 지혜를 주십시오."


과거의 아픔을 극복하고 거기서 교훈을 배우며 현재와 미래의 삶으로 당당하게 걸어 들어가는 것이야말로 과거에 멋지게 복수하는 것입니다. 과거와 현재의 상처와 고통에 대해 이렇게 외칩시다.

"네가 나에게 상처를 주었을지 모르지만 나를 포로로 잡을 수는 없다. 내 인생을 묶어둘 수는 없다. 이제 나는 앞으로 나가겠다."

그리고 오늘도 또 날아 올 펀치에 대비해서 맷집을 키우는 훈련을 합시다.

# 껍질을 벗어야 할 때

바닷가재는 완전한 크기로 성장하는 과정에서 여러 번 작아지고 낡은 껍질을 벗고 새로운 껍질이 생기길 기다려야 합니다. 껍질은 외부로부터 자신을 보호해 주지만, 성장할 때마다 옛 껍질을 포기해야만 합니다. 만약 포기하지 않는다면, 이 옛 껍질은 곧 가재의 감옥이 되고 나중에는 관이 될 것입니다.

바닷가재가 가장 지내기 힘든 시절은 낡은 껍질이 벗어지고 새 껍질이 형성될 때까지의 기간 동안입니다. 이 기간 동안에 바닷가재는 외부의 공격에 쉽게 노출되어 스스로도 지나치게 방어적이 되며, 움츠러들고, 소극적이게 됩니다. 자기방어 본능이 심하게 작동하는 것입니다. 바로 이 때가 낡은 껍질, 이미 벗어버린 껍질이 가장 아쉽게 여겨지고, 다시 그 속으로 들어가고 싶은 열망이 가장 크게 용솟음칠 때입니다. 그러나 그렇다고 해서 과거의 낡은 껍질로 다시 돌아가면 그 가재는 그것으로 끝이 나는 것입니다.

우리는 어떻습니까?

변화하고 성장하기 위해서 우리도 그 동안 의존해 온 우리의 껍질을 벗어버려야 할 때가 있습니다. 그러나 그러한 변화를 시도하기 위해서는 위험을 무릅써야 하며, 두려움을 극복해야 하고, 연약함과 무기력함을 이겨내야 합니다.

그것이 힘들다고 해서 다시 과거의 껍질로 돌아갈 수는 없습니다.

그것이 아무리 편안하고 위로가 되었다고 해도 우리는 이제 더 크고 튼튼하고 새로운 껍질을 입을 때까지 인내하면서 앞으로 나아가야 하는 것입니다.

학교를 졸업하고 다음 학교로 가거나 사회로 가서도 과거의 인간관계에만 집착하게 되면 그 한계에 갇히게 됩니다. 이전 학교의 친구들이 편하고 쉬울 수는 있지만 더 성장하기 위해서는 새로운 친구들과 관계를 발전시켜야 합니다.

결혼하고 나서도 부모와의 관계에 매이게 되면 배우자와 새로운 관계를 형성하는 데 방해가 됩니다. 자신을 잘 이해해 주고 모든 것을 받아주던 부모님과의 관계와 익숙했던 가정 문화에 매이게 되면 새로운 사람과 새로운 관계를 맺고 새로운 가정 문화를 창조해 나갈 수가 없게 됩니다. '마마보이'는 이래서 생겨나는 것입니다.

10대 때에 익숙했던 삶의 방식을 익숙하고 편하다는 이유로 20대 이후에도 집착하게 되면 보다 성숙한 인간으로 성장할 수가 없습니다. 시키는 대로만 하던 삶의 방식을 독립적이고 자주적이고 책임 있는 삶으로 성공적으로 전환하지 않으면 '성인 아이', 즉 겉은 성인이지만 속은 여전히 어린아이인 상태가 지속됩니다.

이처럼 성장하기 위해서는 껍질을 벗는 불안한 과정과 보호막이 철거되었을 때의 불안한 상태를 성공적으로 견뎌내야 합니다.

그리스도를 따라 사는 삶도 이러한 과정의 반복입니다.

과거 삶의 낡은 습관을 벗고 새로운 옷을 입는 과정의 반복입니다. 이러한 과정은 매우 힘듭니다. 불안하기도 합니다. 과거와의 단절이 가져오는 불안감이 있습니다. 세상적인 사고 방식을 버리고 하나님의 생각을 갖는 것은 과거의 껍질을 벗고 새로운 삶의 방식이라는 전혀 다른 껍질을 입는 것과 같습니다.

"옛 사람을 그 행실과 함께 벗어버리고"(골 3:9)

"여러분은 지난날의 생활 방식대로 허망한 욕정을 따라 살다가 썩어 없어질 그 옛 사람을 벗어버리고."(엡 4:22)

"여러분은 이 시대의 풍조를 본받지 말고, 마음을 새롭게 함으로 변화를 받아서, 하나님의 선하시고 기뻐하시고 완전하신 뜻이 무엇인지를 분별하도록 하십시오."(롬 12:2)

그리스도인이 '되어가는 것'은 새로운 껍질을 입는 것과 같습니다.

과거의 습관과 생활 방식을 벗어버리는 과정에는 필히 아쉬움과 불안함과 의심이 수반됩니다. 그렇다고 해서 과거의 껍질 속으로 다시 기어 들어가면 그 옛 껍질은 우리의 감옥이 될 것입니다.

새로운 껍질을 입기 위해서는 "이러다 내 삶이 망쳐지는 것이 아닌가?" 하는 불안과 두려움을 이길 믿음이 필요합니다.

"이런 말랑말랑한 몸으로 이 세상 세파를 헤쳐나갈 수 있을까?" 하는 무기력함에 굴복하지 않는 용기가 필요합니다.

"새로운 껍질이 생기기는 하는 걸까?" 하는 조바심을 이길 인내도 필요합니다.

그리고 몸의 신진대사를 촉진시켜서 튼튼한 껍질이 빨리 형성되도록 하기 위해 끊임없는 움직임의 노력이 필요합니다.

아무리 이 과정이 힘들더라도 우리에게 소망이 있는 것은, 이 과정의 끝에는 하나님이 주신 영광스러운 새옷이 우리를 기다리고 있기 때문입니다. 이렇게 불안함과 의심과 무기력함과 두려움의 세월이 지나고 나면 어느새 새롭고 멋진 껍질이 우리를 감싸고 있음을 알게 될 것입니다. 이 세상의 어떤 공격도 이겨낼 하나님의 전신갑주가 우리를 두르고 있음을 보게 될 것입니다.

# chapter 5

# 그들의 이야기를
# 한 번만 들어준다면

# 단지 그대가 있음으로 인해

시험에서 항상 1등을 하던 학생이 2등으로 성적이 떨어지자 자살을 해버린 사건이 있었습니다. 자존심도 상하고 자신의 성취 욕구를 채우지 못한 것을 견디지 못해서 이런 끔찍한 일을 저지른 것 같습니다. 또한 자신이 부모의 기대에 미치지 못한다는 자괴감도 한 몫 하지 않았을까 추측해 봅니다.

어느 조사에 의하면 공부 잘하는 학생의 부모들이 자신의 아이들에게 갖고 있는 기대가 충족되지 못할 때에 생기는 실망과 분노가 그렇지 않은 부모보다 더 크다고 합니다. 이러한 부모의 마음을 아이들이 모를 리 없겠지요. 그래서 부모들의 기대가 아이들에게 큰 부담을 안겨주게 되는 것입니다. 다행히도 자녀가 그 기대를 충족시켰을 때에는 스스로도 더 큰 만족(자신이 누리는 만족감과 더불어 부모를 만족시켰다는 데서 오는 만족)을 느끼게 되지만, 만약 그 기대를 만족시키지 못하게 되면 반대로 좌절감 역시 배가될 것입니다. 잘 나가던 아이들이 약간의 슬럼프도 이기지 못하고 아예 자포자기하는 경우가 바로 이 때문일 것입니다.

그렇다고 자녀에 대한 부모의 기대가 잘못되었다고 말하기는 어렵습니다. 그렇지만 기대가 어떤 구체적인 결과로 반드시 연결되어야 한다는 생각은 좋지 않습니다. 그러한 결과가 나오지 않을 때에 자식에 대한 실망감을 표출하고 한 걸음 더 나아가 그 실망이 아이의 존재감에 깊은 상처를 주는 것으로 이어진다면, 자칫 돌이킬 수 없는 결과를 초래하고 말 것이기 때문입니다.

1등을 할 때만 부모님이 좋아하는 모습을 보며 자란 아이는 자신을 1등과 동일시하게 되고, 혹여 1등을 못하게 되면 자신의 존재가 무의미한 것처럼 생각할 수 있습니다. 특히 부모의 눈에 그렇게 보일 수 있다고 생각하기 쉽습니다. "나는 1등이야." → "1등이 나야." → "1등을 못하면 내가 아니야." → "1등 못하면 나는 아무 쓸모가 없어." → "부모님도 1등 못하는 나를 가치 없다고 여기실거야." → "가족에게 나는 필요 없는 존재야." 이런 식의 생각들이 결국 자살로 이어지는 것이겠지요.

이런 모습은 성취 지향적이고 성공 일변도의 사회가 낳은 가족 파괴 현상의 한 단면입니다. 사람의 가치를 그가 이루어 놓은 업적만으로 평가하려는 경향이 초래한 '가족 의미의 재구성 현상'입니다.

우리가 잘 알듯이 가족은 사회의 그 어떤 조직과는 달리 사람이 그의 업적 이전에 '존재'로 받아들여지고 인정되는 관계입니다. 진정한 가족이라면 공부를 못해도, 별로 재능이 없어도, 장애를 가졌어도, 큰일을 하지 못해도, 그냥 아버지와 어머니, 아들과 딸이라는 이름으로 서로를 포용할 수 있고 그 존재의 가치를 인정해 줄 것입니다.

아들을 교통사고로 잃고 극심한 고통과 슬픔 가운데 지내다가 우연히 친구를 방문한 어머니의 이야기입니다. 그 친구는 태어날 때부터 장애를 가지고 있는 아들을 20년이 넘도록 힘겹게 돌보고 있었습니다. 친구는 큰 체격의 아들을 들어올려 음식을 먹이며 신세 한탄 하기를, "아이구 이놈의 새끼, 언제까지 이렇게 먹여줘야 하나. 아이구 내 팔자야." 그러나 이 모습을 보는 어머니에게는 그 푸념과 한탄이 그렇게 부러울 수가 없었답니다. 그런 아들이라도 지금 살아있기만 하다면 자기가 가진 그 무엇이라도 내어놓을 수 있겠다는 마음이 들었기 때문입니다. 그 어머니는 가족이 무엇을 하기보다 그냥 함께 있다는 것 자체로도 얼마나 소중한 것인지를 알았기 때문이지요.

이것이 바로 우리가 하늘 아버지로부터 받은 은혜의 원리가 아닐까요? 우리가 하나님을 위해 한 일이 없음에도 그저 받으시고, 가족의 일원이 되었다는 것 하나만으로 기뻐해 주셨던 그 분의 마음. 우리는 자식이 우리를 위해서 많은 일을 하기 때문에 더 사랑하는 것은 아닙니다. 그저 자식이기 때문에, 우리와 서로 사랑을 나눌 수 있기 때문에 사랑하는 것입니다. 오히려 더 연약하고 더 부족한 자식에게 더 마음이 가는 법이지요.

가족 공동체는 무엇보다도 있어야 할 자리에 있는 가족 성원의 존재를 가장 귀하게 생각합니다. 비록 세상에서는 그 사람이 할 수 있는 일, 능력이 있느냐 없느냐, 또 그가 조직에 기여하는 정도 같은 것으로 사람을 평가하고 그에 따라 대접을 하지만, 가족은 그가 하는 일 이전에 그 가족의 성원으로 존재한다는 것 자체를 통해 기뻐하고 감사할 수 있는 곳입니다.

이러한 가족의 개념은 교회 공동체로 연결됩니다. 성경은 교회 공동체를 가족과 가장 닮은 것으로 묘사합니다. 하나님이 아버지가 되시고 서로가 형제요 자매가 되는 가족을 교회라고 설명합니다. 그러므로 우리는 교회 공동체를 가족이라는 관점에서 보아야 합니다. 각 사람의 능력이나 재능이 어느정도인가, 그 사람이 공동체에 얼마나 많은 것을 기여할 수 있는가 하는 것으로 사람의 가치를 따지기보다는 그저 우리 가족이 되어 함께 있다는 것 자체를 더 귀하게 여기는 마음으로 보는 것.

세상의 눈과 잣대로 영적인 가족들을 평가하고 대우한다면 교회의 교회됨은 사라질 것입니다. 어떤 능력이나 업적이나 기여도를 기준으로 우리에게 은혜를 베푸시고 사랑하시지 않은 우리 아버지의 마음이 우리 안에서도 활활 타올라야 할 것입니다. 세상은 끊임없이 업적의 원리로 사람을 평가하고 대우하지만 우리는 그 아버지에 그 자식이듯이 그것보다 훨씬 더 중요하고 가치 있는 것이 있다는 것을 아름다운 가족과 교회 공동체를 통해서 드러내 보여야 합니다. 그것이 하나님이 살아계시고 그의 나라가 실재한다는 것을 보여주는 강력한 증거가 될 것입니다.

아무리 작은 자라도 단지 그 사람이 함께 있음으로 인해 우리 가족이, 우리 교회 공동체가 더욱 풍성해질 것입니다. 아무리 무력한 자라도 단지 그 사람이 함께 있음으로 인해 우리 공동체는 하나님의 은혜를 더 많이 느끼고 체험하게 될 것입니다. 각 사람은 하나님의 은혜와 사랑을 듬뿍 받은 은혜와 사랑의 전령사들이니 말입니다.

# 하나님께서 그렇게<br>대하신 것처럼

어느 축구 선수가 잘 나가고 있을 때의 일입니다. 그가 일본의 프로팀에서 잘하고 있다는 소식이 들리자 대한축구협회의 발걸음이 빨라졌습니다. 대표팀에 다시 합류시키려고 접촉하기도 했습니다. 그런데 그 선수 본인은 이러한 협회의 모습에 대해 서운한 감정을 표현했습니다. 이유인즉슨, 잘할 때는 시도 때도 없이 대표팀에 불러서 써 먹더니 막상 부상을 당하니까 냉정하게 관심 밖으로 밀어 버리고는 그의 재활에 아무런 도움도 주지 않았던 것에 대한 배신감 때문이라고 합니다. 오히려 자신의 소속팀에서는 계약 기간이 두 달밖에 남지 않았음에도 불구하고 정성껏 치료에 힘써주는 것을 보면서 축구협회의 이런 모습에 더욱 마음이 아팠다고 합니다.

일본 프로농구에서 활약하고 있는 어느 여자 선수의 이야기도 유사한 경우입니다. 그는 2미터가 넘는 키 때문에 일찍부터 유망주로 주목을 받았었습니다. 그런데 고등학생 때에 불의의 사고로 무릎을 다쳐 농구를 계속할 수 있을지 모를 상황에 처해 있었다고 합니다. 그런데 당시 농구협회는 관심도 써 주지 않고 그 선수를 내팽개치다시피 했다고 합니다. 당장의 효용가치가 별로 없다고 판단했겠지요. 그래서 그 선수는 마음에 깊은 상처를 안고 일본으로 건너갔는데, 다행히도 일본 농구팀의 후원을 받아 치료에 힘써 다시 선수 생활을 재개할 수 있었다고 합니다. 그는 일본팀의 정성에 감동하여 아예 국적까지 일본으로 옮겼습니다. 이 소식을 들은 대한농구협회는 그 선수가 국적을 다시 바꾸어 한국대표로 뛰기를 바란다는 소망을 피력했습니다. 그 선수의 마음이 어떠했을까요?

이 두 운동 선수의 이야기는 우리가 다른 사람들을 어떻게 대하고 있고 그 사람들과 어떤 마음으로 관계를 맺고 있는지를 돌아보게 합니다. 사람들은 자신이 어떤 존재로 받아들여지고 있는가에 민감합니다. 수단으로서인지, 목적인지, 말로 표현은 안 해도 다 알고 있습니다.

이 사람이 나를 진정한 친구로 생각하고 있는지 아니면 내가 가진 어떤 것을 이용하려고 친절하게 대하고 있는지. 이것은 조직의

리더들에 대해서도 마찬가지입니다. 이 리더가 나를 진정으로 위해서 이끌어주고 힘을 북돋아주고 어떤 일들을 하도록 독려하는지, 아니면 단지 자신의 야망을 채우기 위해서 나를 전방의 총알받이로 사용하고 있는지.

사람들을 수단으로만 보게 되면 우리는 하나님의 형상으로 창조된, 그 자체로 의미 있는 인간의 가치를 놓치게 됩니다. 이웃을, 친구를, 선배를, 후배를, 단지 나의 목적을 위한 하나의 도구로만 보게 되는 것이지요. 그렇게 되면 나의 목적에만 집중하게 되어 다른 사람의 사정 따위는 고려 대상에서 제외되는 것입니다.

모든 것을 나의 이익이라는 기준에 맞추어 계산하려는 시대의 파도가 다른 사람과의 관계조차도 효용성이라는 이름으로 점점 허물어뜨리고 있습니다.


하나님께서도 우리를 당장의 효용가치로만 평가하신다면 어떠했을까요? 하나님을 잘 섬길 때만, 좋은 결과를 낼 때에만 우리에게 관심을 가지시고 사랑을 베푸시고, 반면에 우리가 부상당하고, 넘어져서 별로 쓸모가 없을 때는 우리를 내팽개치신다면 우리는 어떻게 살아갈 수 있을까요? 부상당한 선수를 인내심을 가지고 정성껏 치료해 주었던 사람들의 모습은 우리를 언제나 귀한 아들과 딸로 보시고, 우리가 잘 할 때나 실패할 때나 우리의 상처를 치료하시고 정성을 쏟으시는 하나님의 모습을 떠올리게 합니다.

하나님은 넘어진 우리를 향해 이렇게 말하실 것입니다. "애야 넘어졌니? 어디 다친 데는 없니? 경기에 나가기가 힘들겠구나. 멋진 골도 아름다운 결과도 얻을 수가 없겠구나. 하지만 너무 상심하지 마라. 걱정하지 말아라. 이리 와서 쉬면서 치료하자꾸나. 조금 쉬면 나아지겠지. 치료하면 다시 회복되겠지. 내 품안에서 편안하게 쉬고 치료를 받으려무나."

우리는 어떤 일로, 어떤 관계로 사람들을 만나든, 그 사람들을 대하는 밑바탕에 그 사람을 당장의 효용성보다는 나와 같은 귀한 존재로 생각하는 마음이 흐르도록 훈련을 해야겠습니다. 우리 하나님께서 우리를 그렇게 대하신 것처럼.

# 그들의 이야기를
## 한 번만 들어준다면

칠레의 작가인 루이스 세풀베다(Luis Sepulveda)가 얼마 전 우리나라에 와서 이곳저곳을 방문하고 한국의 발전된 모습과 문화 수준에 매우 감동했다고 합니다. 칠레에 있을 때에는 한국에 대해서 어렴풋이 이야기만 들었을 뿐 잘 몰랐었는데, 칠레를 떠나기 전 한국에 대한 책을 읽고 여기 와서 직접 사람들을 만나고 여러 문화 유산들을 보고 놀란 것입니다.

그러던 중 우연히 서울의 어느 술집에서 미군들을 만났다고 합니다. 그가 만난 사람들은 푸에르토리코 출신 미군이었는데 그들과 대화하던 중, 그들이 한국을 야만적인 국가로 여기고 있으며 한국인들도 여전히 미개한 사람들이라고 생각하고 있다는 것을 발견하고 매우 이상하게 여겨졌다고 합니다. 그래서 그들에게 한국 사람

을 얼마나 만나보았고, 한국 문화에 대해서 아는 것이 얼마나 있느
냐고 물었는데, 그들의 대답인즉슨, 군무원(그들을 자신들의 시중을
드는 사람쯤으로 여기고 있는 듯 했답니다) 정도만 만났을 뿐이고, 부대
와 이태원 외에는 가본 곳이 별로 없다는 것이었습니다. 세풀베다는
이들이 미국에서부터 가지고 있었던 한국에 대한 선입견이 지금 한
국 땅에서 살고 있으면서도 전혀 변하지 않고 있다는 사실을 발견하
고 매우 놀랐다고 말합니다. 그들이 한국에 관한 책을 한 권만이라
도 읽고, 한국 사람의 이야기를 조금이라도 귀 기울여 듣고, 한국 문
화에 대해 조금만 알려는 노력을 했더라도 그런 생각을 떨쳐버렸을
텐데, 그들은 자기 주변에 누가 있고, 그들이 어떤 사람들인지에 대
해 전혀 관심이 없고 이해하려고 하지도 않았던 것입니다.

이런 미군 병사들의 눈에 대한민국과 그 국민들은 여전히 미개
인, 야만인, 별 관심 가질 필요도 없는 자들, 어찌 보면 사람 축에도
끼지 못하는 자들로 보일지도 모릅니다. 그들에게 한국은 관심을 가
질 필요도 없는 나라요, 주변인들이 사는 나라요, 딱히 기억해 줄 필
요도 없는 나라였던 것입니다. 그래서 한국 땅에서 살고, 한국 사람
들을 보고, 그들의 도움을 받으면서도 그들을 전혀 이해하려고 하지
않았고 그들을 마치 없는 것처럼 취급하면서 살았던 것입니다.

가만 생각해 보면 이러한 미군들의 태도에서 우리 자신의 모습을

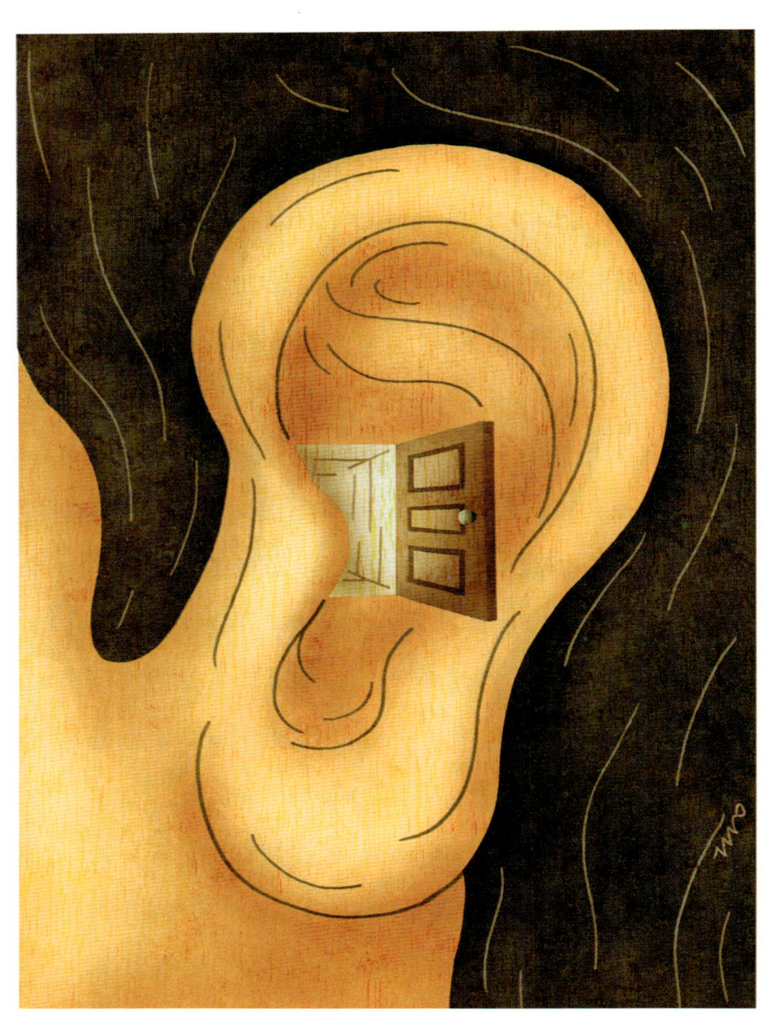

발견하게 됩니다.

우리가 아는 사람들, 기억하고 있는 나라들, 관심을 보이는 사람들은 대부분 유명한 사람, 인기 있는 사람, 강대국들뿐입니다. 그런 사람들과 나라들 앞에서는 스스로 작은 자의 자리로 기어 들어가지만, 반대로, 겉으로 보기에 별 볼일 없는 것처럼 보이는 사람들, 힘도 세력도 없는 사람들, 경제적으로 뒤떨어진 나라들에 대해서는 별 관심을 보이지 않습니다.

그 나라와 사람들에 대해서는 어떻게든 공산품이나 '한류' 문화를 수출해서 돈을 벌려고만 혈안이 되어 있지, 그들의 이야기를 듣고, 그들을 이해하고, 그들을 인정하려는 마음은 거의 없습니다. 우리들의 인식 속에서 세계는 오직 유럽과 북미뿐이지 아시아, 아프리카, 남미의 수많은 나라들과 사람들은 존재하지 않습니다. 아니, 오직 미개하고 뒤떨어지고 열등한 부류로만 기억되고 있을 뿐입니다. 그 사람들과 나라들에 대해서 조금도 알려고 하지 않은 상태에서 내린 선입견을 가지고서 말이죠.

저는 지금도 신문이나 방송에서 동티모르 이야기만 나오면 눈과 귀가 쏠리며, 그들의 삶의 모습이 궁금해집니다. 그 이유는 10여 년 전에 텔레비전에서 본 동티모르에 관한 다큐멘터리가 아직도 뇌리에 깊이 남아 있기 때문입니다. 인도네시아의 식민지로 온갖 어려움을 겪고 있던 그 나라에 관한 이야기를 관심을 가지고 보고 난 후에 저의 인식은 바뀌었습니다. 그 작은 섬에도 나처럼 감정과 이성과 문화와 전통을 가진 사람들이 살고 있고, 그들이 심한 고통을 당하고 있다는 사실을 알고 나자 저는 이제 그들의 삶의 이야기가 내 가슴 속까지 들어오게 됨을 알게 되었습니다.

이처럼 단 한 번이라도 관심을 가지고 이야기를 들어주면 그 사람들은 더 이상 나에게 어떤 대상이 아니라 한 인격으로 다가오게 됩니다.

우리가 사람들, 그들의 삶, 그들의 이야기에 더 관심을 기울여야 하는 이유가 여기 있습니다. 내가 인격적으로 대우받기를 원하는 것처럼, 그리고 나의 삶과 문화와 전통의 귀함을 다른 사람들이 인정해 주기를 원하는 것처럼, 이 세상의 모든 사람들도 동일하게 인격적으로 대우받기를 원하기 때문입니다.

우리가 '주변인'이라고 생각하는 사람들. 그러나 그들의 인식 속에서 그들은 전혀 '주변인'이 아닙니다. 그들도 어느 사람들 못지않게 귀한 인격을 가지고 있고, 문화와 전통을 발전시켜 왔기 때문입니다.

그들도 지·정·의를 가진 하나님의 형상을 담은 고귀한 존재로 창조되었기 때문입니다.

마치 미군들이 우리를 '주변인'으로 생각하고 우리의 이야기에 귀를 기울이지 않을 때에는 우리와 그들 사이에 더 이상의 인격적인 만남이 불가능해지는 것처럼, 우리가 이 세상의 약한 사람들과 약한 나라의 국민들을 '주변인'으로 생각하면서 그들의 이야기에 귀를 기울이지 않게 되면 우리는 그들과 인간 대 인간으로서의 깊은 관계를 맺기 어려울 것입니다.

미군들이 한국에 관한 책 한 권만 읽었더라도 생각에 변화가 일어날 수 있는 것처럼, 우리도 그들의 이야기를 한 번만 들어준다면 그들을 많이 이해하고 더 나아가서 나와 동일한 존재로서 사랑할 수 있을 것입니다. 그리고 이 세상 어디에나 '사람'들이 살고 있음을 알게 될 것입니다.

# 유쾌한 포기

참으로 오랜만에 추운 겨울을 보내고 있습니다. 영하 10도가 넘는 날씨가 한 달 가까이 지속되고 있습니다. 12월의 강추위로는 20여 년 만이라고 하니 참으로 오랜만에 경험하는 추위입니다. 추위가 너무 오랫동안 지속하다 보니 여기저기서 불평의 소리가 터져 나오고 있습니다. 날씨를 원망하는 것을 넘어 아무 책임도 없는 기상청 사람들을 향해서도 곱지 않은 시선을 보내기도 합니다. 계속되는 추운 날씨에 짜증이 났기 때문이겠지요.

그런데 기상청의 발표에 의하면 이런 추위는 그렇게 특별한 것이 아니며 우리나라 12월 평균 기온보다 특별히 더 낮은 것도 아니라고 합니다. 최근 온난화 현상으로 인해 몇 년 동안 추운 겨울이 실종되었기 때문에 새삼스럽게 추위를 더 느끼는 것일 뿐, 원래 우리의 겨울은 이렇게 추운 것이 정상이라는 것입니다.

그들은 오히려 추위로 인해 조금 불편해도 다시 찾아온 추위를 좋은 마음으로 받아들여야 한다고 말합니다. 왜냐하면 지구 온난화 현상이 지속되어 추위가 사라지고 따뜻한 겨울이 지속되는 것이 훨씬 더 큰 문제를 유발하기 때문입니다. 우리가 지금 조금 불편해도 보다 더 큰 선을 위해 그 불편함을 견디는 것이 좋다는 것입니다. 그렇다면 우리는 오히려 이렇게 말할 수 있어야 합니다. "그래, 손도 시리고 몸도 으스스 떨려서 불편하기도 하고 짜증스럽기도 하지만 추운 겨울이 지구를 위해서 더 좋은 것이라면 추위도 참아야지." 물론 추위로 인해 특별히 더 고통을 당하는 사람들을 생각하면 마음이 아프기는 하지만 그 문제는 다른 방식으로 풀어야 할 것입니다.

세상에는 이런 일들이 종종 있는 것 같습니다. 보다 더 큰 선을 위해서 나의 당장의 이익과 편의를 조금 유보하거나 때로는 불편함을 참아야 하는 경우들 말입니다.

난폭운전을 하는 버스를 보면서 사람들은 욕을 하곤 합니다. 얼마나 빨리 가려고 그렇게 위험하게 운전하느냐고 하면서 질책을 하기도 합니다. 그러나 막상 내가 그 버스를 타게 되면 입장이 달라집니다. 신호를 무시하고 달려도, 위험하게 막무가내식 추월을 해도 질책하기는커녕 왠지 기분이 좋아지고 만족해합니다. 내가 원하는 목적지에 좀 더 빨리 도착하게 된다는 생각을 하면서 어느새 난폭 운전 기사와 심적으로 하나가 된 것입니다. 그러나 교통 신호를 지키면서 버스 안에 있는 사람이나 밖에 있는 사람 모두가 안전하게 운전하는 것이 사회 공동체를 위해 더 나은 것입니다. 그렇다면 내가 좀 더디 가더라도 안전운전을 하도록 요구하는 것, 이것이 바로 더 큰 선을 위해서 당장의 내 이익을 유보하는 한 가지 예입니다.

부동산 정책에 대해서도 사람마다 입장이 다릅니다. 집이나 토지가 없는 사람들은 보다 엄격한 부동산 정책을 시행할 것을 지지할 것입니다. 부동산값이 오르면 그만큼 내 집 마련의 기회가 사라지기 때문이고, 그렇게 되면 살기가 더 어려워지기 때문입니다. 그러나 일단 집을 소유하게 되면 입장이 바뀝니다. 부동산값이 올라도 별로 문제 삼지 않게 됩니다. 최소한 다른 지역이 오르는 만큼 내 집값이 오르기만 하면 부동산값이 폭등한다 해도 별로 열 받을 일은 아니라고 생각합니다. 버스 위에 올라탔기 때문이겠지요. 그러나 부동산값이 오름으로 인해 피해를 보는 수많은 사람들, 집을 마련할 돈이 없어 집값이 오르는 것을 속수무책으로 바라만 보아야 하는 수많은 사람들을 생각하면서, 설령 내 집값이 떨어지더라도 보다 강한 부동산 정책을 수립하도록 정부에 촉구하는 것, 이것이 바로 더 큰 선을 위해서 당장의 내 이익을 유보하는 또 다른 예입니다.

사람들은 자신이 소유하고 있지 않고 누리지 못하고 있는 것에 대해서는 비판도 잘하고 바른 소리도 잘 합니다. 그러나 일단 그것들을 자신의 것으로 삼고 나면 입장이 달라집니다. 이제는 그것이 주는 혜택을 최대한 누리는 쪽으로 마음을 쓰게 됩니다. 또한 웬만해서는 자신이 이미 누리고 있는 것을 빼앗기지 않으려고 합니다. 설령 그 혜택의 포기가 다른 많은 사람들에게 유익을 주는 것이라고 할지라도 말이죠. 이것이 바로 부와 안락함의 유혹입니다. 한번 그 맛을 보게 되면 그것과 혼연일체가 되어 난폭운전을 하든, 살인적인 폭등을 하든 괘념치 않게 됩니다.

바로 이런 방법으로 사탄은 광야에서 예수님을 유혹했습니다. 배부름("너를 위해 떡을 만들어 먹으라")과 명예("성전 위에서 뛰어내려 보라 그러면 천사가 안전하게 지켜줄 것이다")와 권력("세상 권세를 다 너에게 주겠다")의 맛을 한 번만 보게 되면 그것을 포기하고 다른 사람들을 구원하기 위한 여정으로 돌아가기가 힘들다는 것을 사탄은 누구보다도 잘 알았기 때문입니다.

그러나 이미 예수님은 하늘에서 누리고 있던 혜택을 버리고 비천

하고 누추한 이 세상으로 오셨습니다. 신이 인간이 되었다는 것 자체가 엄청난 희생이요 자기 포기였습니다. 그럴 필요가 없었음에도 불구하고 단지 ‘사랑’이라는 이름만으로 버스에서 내리는 결단을 하셨던 것입니다. 그런 그에게 사탄이 내미는 온갖 유혹들은 더 이상 어떤 매력도 줄 수 없었습니다.

당장은 내게 아무런 이익을 주지 않는 일이지만, 그 일이 도움이 필요한 다른 사람들에게 혹은 돌봄이 필요한 우리 삶의 터전인 지구에 유익을 주는 일이라면 기꺼이 내가 누리던 자리에서 내려오는 것, 그것이 바로 예수 그리스도께서 하늘 영광을 버리고 스스로 인간의 몸을 입고 이 땅에 오신 정신과 통하는 것입니다. 그리스도를 따라간다는 것은 그의 탄생의 정신을 이해하고 실천하는 것으로부터 시작되어야 합니다.

추운 겨울과 성탄절이 이렇게 연결된다면, 뼛속까지 느껴지는 추위가 우리 주님의 고귀한 뜻을 깨닫게 하는 떨림으로도 연결될 수 있을 것입니다.

# 눈에 보이는 형제를 사랑하지 않는 자가
# 어떻게 보이지 않는 하나님을
# 사랑할 수 있겠습니까?

몇 해전 탈북자들의 상황을 조금이나마 이해하기 위해서 중국으로 건너가 두만강 유역을 살펴본 적이 있었습니다. 산 속에서 토굴을 파고 숨어서 생활하고 있다는 어느 탈북자 가족을 만나기 위해 저녁 어스름한 시간에 산으로 올라갔습니다. 그러나 토굴 입구에는 짓다 만 밥이 쏟아져 있었고 토굴 안은 마구 헤집어져 있었습니다. 아이가 그리다 만 그림 종이도 짧은 크레파스와 함께 뒹굴고 있었습니다. 한참을 기다렸지만 결국 부모와 두 아이들은 나타나지 않았습니다. 어디론가 끌려갔을 것이라고 결론내릴 수밖에 없었습니다. 그 즈음 중국 공안들의 단속이 매우 심하다는 말을 들었기 때문이지요. 달빛에 의지해서 산을 내려오면서 그 가족의 아픔을 헤아려보려고 애썼습니다.

폭이 20미터도 안 되는 두만강 건너편에서 단벌옷을 벗어 빨래를 하고 있던 청년과 두만강 하류의 도문에서 만난 할머니는 텔레비전에서 보던 북한 사람들과는 전혀 다른 느낌을 주었습니다. 중국에 가서 직접 보기 전까지는 북한 동포들과 탈북자들의 경험과 아픔을 이해한다는 것이 매우 어려웠습니다. 그렇지만 그들의 삶의 현장을 직접 보자 그들의 삶의 모습이 고스란히 전해져 오는 것 같았습니다. 물론 그것도 피상적인 수준일 수밖에 없겠지만 말이죠.

최저생계비를 정할 때가 되면 온갖 논의가 봇물 터지듯이 쏟아집니다.

그러나 탁상에서의 논의만 있는 것은 아닙니다. 어떤 사람들은 '최저생계비 체험단'이라는 것을 구성해서 실제로 한 달 최저생계비로 살아보는 실험을 하기도 합니다. 한 달이 지난 후에 나오는 체험단의 고백은 비슷합니다. 그 액수는 최저생계비가 아니라 최저생존비라고 하기에도 모자란다는 것입니다. 도저히 인간다운 생활이 불가능한 액수라는 것이지요. 그들은 이러한 체험을 하면서 최저생계비로 사는 사람들의 아픔을 이해할 수 있었다고 합니다. 그들 대다수가 최저생계비 인상 운동에 보다 적극적으로 임하게 된 것은 지극히 당연한 결과지요.

우리는 종군위안부 할머니들의 고통과 아픔을 잘 모릅니다. 전쟁 중에 무고하게 죽어간 수많은 사람들과 가족들의 고통과 아픔도 잘 모릅니다. 군사독재에 저항하다가 끌려가 고문 끝에 죽거나 신체적, 정신적 장애인이 된 사람들의 고통 역시 잘 모릅니다. 이 땅에 들어와서 온갖 차별과 수모를 받으면서 일하고 있는 외국인 노동자들의 고충을 잘 모릅니다. 그러나 그들이 고통을 호소하는 자리에 한 번 참석해 보고, 그들의 이야기를 직접 들어보고, 그들의 고통의 현장에 한 번 방문해 보는 것만으로도 우리와 그들 사이의 거리는 현격하게 줄어들 것입니다.

우리 대다수는 그러한 사람들이 겪었던 고통을 경험해 보지 못했을 것입니다. 솔직히 말하면 그런 것들을 경험하기도 원치 않을 것입니다. 그러나 내가 그러한 어려운 상황을 겪기를 원하지 않는 것과 그 사람들의 아픔이 나와 상관없는 것으로 밀어두는 것은 전혀 다른 문제입니다. 우리가 한 사회의 공동체로 함께 살고 있는 한 그들의 고통을 나 몰라라 할 수는 없습니다.

선한 사마리아인이 길을 가다가 우연히 발견한 강도 만난 사람을 그냥 지나치지 않고 돌봐주었고 그것이 예수님이 강조하시는 참된 이웃됨의 모습이라면, 그리고 인간의 고통과 아픔의 현장으로 내려와 그 고통과 아픔을 함께 겪으셨던 예수님을 따르고자 하는 마음이 조금이라도 나에게 있다면, 그들의 아픔과 고통이 나와 상관없는 것이라는 생각은 할 수 없게 될 것입니다.

우리는 혼자 사는 사람들이 아닙니다. "제가 아벨을 지키는 자입니까?" 라는 가인의 항변이 인간 사회를 끊임없이 삭막한 곳으로 만들고 있습니다. 하나님은 우리가 주변을 돌아보기를 원하십니다. 하나님에 대한 사랑을 이웃에 대한 사랑을 통해 확인하고 싶어하십니다. "눈에 보이는 사람들을 사랑하지 않으면서 하나님을 사랑한다고 말할 수 없다"고 요한은 지적합니다.

그러므로 우리의 생각과 관심의 폭이 넓어져야 합니다. 나 자신, 내 문제, 내 주위에만 눈을 고정시킨 채 바깥 세상에 대해서는 문을 닫고 있다면, 우리에게 이웃을 보내신 하나님의 귀한 뜻을 땅에 묻어버리는 일이 될 것입니다. 우리는 주변에서 무슨 일이 일어나고 있는지, 내 이웃들에게 어떤 아픔과 슬픔이 있는지 이해하려고 노력해야 합니다.

관심을 키우기 위해서 신문을 봅니다. 이해하기 위해서 책을 읽습니다. 그들의 아픈 마음을 느껴보기 위해서 다큐멘터리를 봅니다. 그러나 진정한 앎은 그들을 직접 만나서 그들의 이야기를 직접 들어보고 그들의 사는 모습을 직접 보는 것에서부터 생겨납니다. 정말로 '백문이 불여일견' 입니다.

행동은 '관심'에서부터 태어나고, '이해'로 영양을 공급받으며, '감정이입'을 통해 성숙하게 되고, '체험'을 통해 내면화됩니다. 관심, 이해, 감정이입, 체험이 결여된 행동은 자기 의를 드러내기 위한 것으로 전락하게 될 위험이 있습니다. 우리 안에서 진정한 사랑을 일깨우고, 그것을 단순한 언어의 수사를 넘어 행동으로 나아가게 하는 것은 직접 부딪쳐서 얻은 체험입니다.

비록 현재 우리의 행동 능력이 제한되어 있을지라도, 관심을 갖고, 이해하려고 하고, 다른 사람들의 감정을 느껴보려고 하고, 그들의 삶의 현장에 부딪쳐보는 노력이 있다면, 참여의 열매로 나타날 날이 멀지 않은 것입니다.

# 멀리 가려거든 함께 손잡고 가라

우리가 사는 이 세상은 무한 경쟁 시대로 들어가고 있습니다.

'경쟁력'과 '성공'이라는 이름으로 무한한 개별적인 경쟁이 치열하게 전개되고 있습니다. 그 과정에서는 어쩔 수 없이 남을 짓밟고 이겨야만 하는 싸움을 치러야 합니다. 그렇게 해서 얻은 승리의 대가를 누리는 것이 떳떳하고 자랑스럽게 여겨지는 시대로 달려가고 있는 것입니다. 결국 능력 있는 소수의 사람들이 대부분의 것들을 독식하는 세상이 되고 있습니다.

아프리카 줄루-크호사 부족어 중에 '우분투'라는 말이 있습니다. 이것을 문자 그대로 번역하면 '인간성'을 뜻합니다. 이 단어가 세상에 널리 알려지게 된 것은 넬슨 만델라(Nelson Mandela)가 주도하는 남아공 진리 화해 위원회의 기초에 이 개념이 깔려 있었기 때문입니다. 지독한 흑백 분리 정책(이로 인해 흑인은 인간 이하의 삶을 살 수밖에 없었습니다)을 청산하고 흑인과 백인이 함께 어울려 살아가는 세상을 만드는 기초에 '우분투' 개념이 있었던 것입니다. 우분투의 핵심 신념은 '한 인간은 다른 인간들로 인하여 인간이다' 는 것입니다. 이는 다른 말로 하면, '우리가 존재한다. 고로 내가 존재한다' 는 말입니다.

아무리 생각해 봐도 인간은 혼자 존재하지도 않고 혼자 살 수도 없다는 것이 확실합니다. 가족이라는 공동체뿐만 아니라 마을 공동체, 도시 공동체, 사회 공동체, 민족 공동체 그리고 더 나아가 지구 공동체는 알게 모르게 서로 도움을 주고받고, 서로 의지하면서 살아갈 수밖에 없습니다. 중국의 종이나 미국의 전등과 같이 어느 한 지역에서 발명된 물품들이 전세계 시민에게 혜택을 주고, 아마존 강 유역에서 생산되는 산소가 전지구를 숨쉴 만한 곳으로 유지시켜주며, 아프리카 초원의 동물과 식물들이 전세계 어린이들에게 꿈을 주고, 중남미 사람들이 즐기던 노래와 문화 유산이 전세계인의 마음을 풍요롭게 하기 때문입니다. 세계적인 차원에서도 '우리'가 중요하다면 한 나라와 도시와 사회 안에서는 말할 것도 없을 것입니다.

가을 하늘을 떼지어 날아가는 기러기떼를 연구하는 학자들은 이들에게서도 '우리'의 정신을 발견한다고 말합니다. 이들은 장거리 이동을 할 때 언제나 'V'자 대형을 유지하는데, 그것이 바로 본능적인 공동체 정신의 산물이라고 합니다.

첫째, 기러기는 혼자 나는 것보다 떼를 지어 날 때 70% 이상 더 오래 날 수 있습니다.

둘째, 'V'자 대형으로 날게 되면 공기의 저항이 경감되며 그래서 뒤에 오는 동료들이 훨씬 쉽게 날 수 있게 됩니다. 그러나 앞에서 나는 기러기일수록 더 빨리 지치기 때문에 이들은 주기적으로 앞뒤 위치를 바꿉니다.

셋째, 기러기들은 날면서 계속 소리를 지릅니다. 그 소리는 자기의 위치를 알림으로써 방향을 제시하고 또한 서로를 격려하는 나팔 소리와 같은 역할을 합니다.

넷째, 만일 어느 기러기가 아프거나 부상으로 함께 여행을 계속하지 못하게 될 경우에는 반드시 서너 마리의 동료가 이 낙오자와 더불어 머뭅니다. 몸이 회복되면 다른 떼에 섞여서 다시 여행을 계속합니다.


물론 우리 모두가 동일한 결과를 얻고 모든 것을 평등하게 분배해야 한다는 것은 아닙니다. 우리 안에서도 여러 가지 이유로 선두

와 꼴찌는 있을 수 있습니다. 그러나 진정한 공동체라면 그 꼴찌를 버리고 간다든지 하는 식으로 낙오자를 포기하지는 않을 것입니다. 이것이 '우분투' 정신입니다. 최소한 우리의 의지는 분명합니다. "네가 조금 뒤처졌지만 우리는 함께 가야돼. 너를 포기할 수는 없어."

양극화가 심화되고 있는 세상에서, 뒤처진 사람들을 버리지 말고 그들을 부추겨서 함께 가라는 '희년'의 정신을 기억해야 합니다. 고아와 과부와 나그네를 선대하며 배고픈 사람들을 위해서 추수할 때에 이삭을 조금 남겨두라는 말씀에 담겨진 하나님의 자비하심을 기억해야 합니다.

아프리카 격언 중에 이런 말이 있습니다. "빨리 가려거든 혼자서 가라. 멀리 가려거든 함께 손잡고 가라." 정신없이 빨리 가다보면 주위에 아무도 없고 오직 나 혼자만 외로이 서 있다는 사실을 뒤늦게 깨닫게 될 것입니다. 그리고 혼자 서 있는 나는 더 이상 하나님께서 의도하신 바로 그 '인간'이 아님을 깨닫게 될 것입니다. 다른 사람들과 손을 잡고 함께 걷다 보면 시간은 조금 지체될지 몰라도 먼 길을 꾸준히 걸어갈 수 있는 힘이 생깁니다.

혼자서 빨리 가시렵니까, 아니면 함께 손잡고 멀리 가시렵니까?

# 당신은 문명인입니까?
# 야만인입니까?

　주변과 비교해서 조금이나마 발전된 문명을 가지고 있다고 생각하는 민족들은 자신을 문명인으로 높이면서 다른 부족들을 야만족으로 깎아 내리곤 합니다.

　고대 헬라인들은 그리스어를 기초로 한 철학과 문학을 발전시켜 왔기에 그리스어를 모르는 종족들을 야만인 취급했습니다. 그 후에 유럽과 그 인근 세계를 지배한 로마인들은 언어보다는 법률을 기준으로 야만인과 문명인을 구분했습니다. 로마는 다양한 민족을 포괄하고 있었기에 그 수많은 민족들이 공생하는 데 절대적으로 필요한 규칙인 법률을 받아들이는 민족만을 문명인이라고 부른 것입니다. 자신의 힘으로 문제를 해결하기보다는 사전에 약속된 법률에 근거해서 해결하는 사람들이야말로 진정한 문명인이라고 본 것입니다.

중국인들도 자신과 다른 민족을 구분하는 기준이 있었습니다. 한자를 사용할 줄 알고 한자를 기초로 형성된 고대 중국 철학들을 삶의 지침으로 삼고 있는지 여부가 문명인과 야만인을 가르는 기준이었습니다.

이러한 구분은 우리 민족에게서도 발견됩니다. 조선 시대에는 유학에 기초를 둔 예절을 지키느냐의 여부가 그 기준이었습니다. 삼강오륜으로 대표되는 규범을 알지 못하거나 따르지 않는 사람들을 '오랑캐'나 '쌍놈' 취급을 한 것입니다. 아무리 힘이 세고 돈이 많아도 소용없었습니다.

그러나 이와 같은 기준들은 상당히 주관적인 것들입니다. 절대적인 존재가 정해준 절대적인 기준들이 아니라 어찌어찌해서 형성된 자신들만의 독특성을 자랑하기 위해서 임의로 정한 기준들에 불과한 것들입니다. 따지고 보면 모든 민족들은 내세울 만한 것들 한두 가지는 다 가지고 있기 때문입니다. 그러므로 어느 기준을 채택할 것이냐에 따라 야만인과 문명인이 얼마든지 뒤바뀔 수 있는 것입니다.

그렇다면 오늘날 한국 사회에서는 어떤 것들이 문명인과 야만인을 가르는 기준 역할을 할까요? 즉 사람들이 자신을 다른 사람들보다 높이고 자긍심을 고취시키는 기준으로 사용하는 것들은 무엇일까요?

이제는 돈과 권력이 그 기준이 되어가는 것 같습니다. 돈과 권력을 가진 사람들은 스스로 성공했다고 자부하면서 다른 사람들을 내려다볼 뿐만 아니라 다른 사람들도 이 사람들을 부러움의 눈으로 바라보기 때문입니다. 더욱이 이들은 자기들만의 세계를 형성하고 끼리끼리만 교류하고 결혼하고 동네를 형성하면서 외부 사람들과 벽을 쌓아가고 있습니다. 가난한 나라의 사람들을 야만인 취급할 뿐만 아니라 같은 한국사람 중에서도 돈이 없고 가난한 사람들은 시대의 발전을 따라오지 못하는 자들로 취급합니다. 결국 권력과 돈이 이 세상을 움직이고 판단하는 기준이 되고 있습니다.

그러나 이러한 기준 역시 주관적인 것입니다. 사람들이 임의로 정한 것입니다. 자본주의가 그 위용을 한껏 부리면서 나타난 한 시대의 특성에 불과한 것입니다.

그렇다면 문명인과 야만인을 가르는 진정한 기준은 무엇일까요?

이 세상을 창조하고 인간 삶의 도리를 정해주신 하나님이 설정하신 기준으로 본다면 '하나님을 사랑하고 이웃을 사랑하는지의 여부' 가 바로 그 기준이 되기에 합당할 것입니다. 왜냐하면 예수님은 우리를 향한 하나님의 뜻을 이 두 가지로 요약하셨기 때문입니다.

먼저, 하나님을 아는지의 여부가 참된 인간의 정체성을 고양시키는 가장 중요한 기준임에는 틀림이 없습니다. 자신의 창조자요 주인이요 삶의 공급자를 인식하지 못하는 것보다 더 큰 '쌍놈'의 기준은 없을 것입니다.

그러나 하나님은 여기에 또 하나의 기준을 더하셨습니다. 그것은 이웃을 사랑하는 것, 특히 사회적 약자들을 사랑하는 것입니다. 하나님 사랑과 이웃 사랑은 동전의 양면과 같다고 말합니다. 눈에 보이는 형제를 사랑하지 않는 자가 눈에 보이지 않는 하나님을 사랑할 수 없다고 말씀하시기 때문입니다.


하나님이 창조하신 세계에서 가장 문명인은 '이웃을 내 몸같이 사랑하는' 사람입니다. 특별히 하나님은 몇몇 사람들을 구체적으로 열거하시면서 '이웃'이 누구인지 설명해 주셨습니다.

구약에는 '고아와 과부와 나그네'가 그들이며, 신약에서는 '강도 만난 자'가 바로 그들입니다. 즉, 그 사회에서 가장 약한 자, 큰 곤경을 당한 자, 불의의 피해를 입은 자를 돌아보는 자들이 진정한 문명인이라는 것입니다. 그렇다면 반대로 아무리 권력과 돈과 지식이 있어도 사회적 약자들을 돌아보지 않는다면 야만인에 불과합니다. 더 나아가서 하나님은 자신들은 '상아상에 누우며' '산해진미를 매일 먹지만' '고와와 과부는 전혀 돌아보지 않는' 사람들을 결국 하나님을 모르는 자들이라고 엄하게 경고하기까지 합니다. 하나님 사랑과 이웃 사랑은 하나이기 때문입니다.

이것은 한 민족과 한 사회에 대해서도 마찬가지입니다. 문명과 야만을 가르는 기준은 그 사회가 발전시킨 문화나 쌓아올린 재물에 있지 않습니다. 그 사회의 약자들을 얼마나 잘 배려하고 있는가의 여부가 참된 기준입니다. 장애인이 살기 힘든 사회, 고아와 이민족 출신들이 견디기 힘든 사회, 부모의 혜택을 받지 못한 사람들이 대를 이어 기층민을 이루는 사회는 하나님과 이웃을 전혀 사랑하지 않는 사회입니다.

하나님께서 보시기에 진정한 ‘야만족’은 바로 이런 사람들입니다.

우리는 문명인입니까 야만인입니까?

우리가 문명인이라고 자부해온 기준이 내가 스스로 정한 기준입니까 아니면 하나님이 제시한 기준과 같은 것입니까?

# 세상을 살 만한 곳으로 만드는 사람들

지금까지 30년이 넘게 결혼 생활을 해오신 어느 60대의 여자가 이혼을 결심합니다. 사람들은 깜짝 놀라며 말리려고 합니다. 가족들은 남 보기 부끄럽다고 합니다. 이혼해서 얻을게 무엇이냐고 면박을 주기도 합니다. 남편은 기가 막혀서 말이 안 나온다고 합니다. 이런 성화 속에서 그 분은 이렇게 말합니다.

"이제 내 삶을 살고 싶다."

이혼율이 갈수록 높아지고 있습니다. 젊은 사람들의 이혼은 이제 일상사가 되었다고 치더라도 요즘은 나이가 지긋이 들어 결혼 생활을 수십 년 동안 해오신 분들의 황혼 이혼도 증가하고 있습니다. 이런 현상을 보면서 결혼 생활이 어떻게 유지되는가 생각해 보게 됩니다.

뒤늦게 이혼하려는 사람들이 지금까지는 만족한 결혼 생활을 하다가 갑자기 힘들어져서 이혼하려고 마음먹은 것은 아닐 것입니다. 쌓이고 쌓였던 고통이 인내의 한계를 넘어서고 이제 더 이상 그 괴로움을 억누를 이유가 없어졌다고 느끼기 때문에 이혼을 결심한다고 보는 것이 정확할 것입니다.

어떤 사람들은 이런 경향이 여성 해방 운동과 관련이 있다고 말합니다. 그래서 여성 해방 운동이 가정을 망치고 있다고 비난하기도 합니다. 그러나 이러한 주장은 문제를 잘못 짚은 것입니다. 여성 해방 운동이 가정을 망치는 것이 아니라, 망가지고 있는 가정을 수많은 여성들이 지금까지 몸으로 마음으로 지켜오고 있었다는 사실을 똑똑히 보여주는 역할을 하고 있는 것입니다.

가정이 유지될 수 있는 가장 중요한 요소는 무엇일까요? 그것은 희생과 섬김입니다. 지금까지는 대개 아내와 어머니의 헌신과 희생이 있었기에 가정이 유지될 수 있었습니다. 그러나 이제는 여자들이 더 이상 이러한 희생을 거부하게 되면서 이혼율이 높아지게 된 것입니다. 남자들이 대신해서 헌신과 희생을 한다면 이렇게까지 악화되지는 않겠지만 그렇게 하는 남자는 별로 많지 않아 보입니다. 결국 자신의 몸과 마음을 바쳐 가정을 유지하기 위해 희생하려는 사람이 그 일을 포기하게 되자 가정이 깨지는 것입니다.

세상에서 살 만한 곳, 잘 되어가는 곳, 아름다운 곳에는 한 가지 공통점이 있습니다. 공동체를 위해서 희생하고 헌신하는 사람들이 있다는 것입니다.

친구들의 모임이 잘 되기 위해서는 궂은 일(주로 모임을 주선하고 연락하는 일)을 맡아서 하는 사람이 있어야 합니다. 하다못해 조기축구회가 잘 운영되기 위해서도 누군가 섬겨야 합니다. 교실에 들어가서 지저분한 칠판을 보면 기분이 좋지 않습니다. 그런데 누군가 칠판과 교탁을 정리해 주면 즐거운 교실분위기가 조성됩니다. 누군가 먼저 와서 교회를 청소하고 정리하면 모두에게 감사한 마음이 들어 예배가 풍성해지게 됩니다. 친일파와 독재자의 시녀로 자신의 안일만을 추구하는 사람들 틈에서 민족과 민주주의를 위해서 희생하고 헌신한 사람들이 있었기에 우리나라가 이만큼 살 만한 곳이 된 것입니다. 물론 보상을 기대하면서 이런 일들을 하는 사람들도 있습니다. 또한 사람을 고용해서 이런 일들을 하게 하기도 합니다. 그러나 돈과 명예가 자발적인 헌신과 섬김을 완전히 대치할 수는 없습니다. 가정이나 교회처럼 인간관계의 가장 핵심적인 단위들에 있어서는 더욱 그렇습니다.

우리는 종종 내가 속한 모임 속에 이런 사람들이 있다는 사실을 잊곤 합니다. 앞에 나와서 설치는 사람들만 부각되고 그 모습을 따라가려고 애씁니다. 그러나 모임을 아름답게 만드는 것은 그런 사람들이 아니라 조용히 헌신하고 섬기는 사람들입니다. 이들을 기억해 주고 인정해 주고 칭찬해 주고 격려해 주고, 더 나아가서 모두가 이런 역할을 조금씩 나눠가질 때에 이 세상은 더욱 살 만한 곳으로 변할 것입니다.

마음속에 떠오르는 얼굴이 있나요?

진심으로 감사의 마음을 보냅시다.

"당신의 희생과 헌신으로 우리 세상을 아름답게 만들어주서서 감사합니다."

# 문제 많은 세상 속으로

사람들은 문제가 많은 곳을 피하고 싶어합니다.

그래서 한반도에서 전쟁의 위협이 높아지면 보다 안전한 땅을 찾아서 타국으로 이주하는 행렬이 늘어납니다. 경제적으로 어려워지거나 자식 교육 문제로 골머리를 앓을 때에도 좀 더 편안하고 수월한 삶을 제공해 줄 수 있는 곳으로 삶의 터전을 옮기는 사람들이 많아집니다. 이처럼 보다 안전하고 안락한 삶을 찾아가는 것은 위험을 감지하면 본능적으로 눈을 감는 것과 유사한 인간의 자연스러운 본성이라고 할 수 있습니다.

그러나 이 세상에는 본성을 거슬러서 오히려 문제가 많고 위험한 곳으로 들어가는 사람들도 많이 있습니다. 경제적으로 발전된 자신의 나라를 떠나 세계의 오지로 들어가는 수많은 선교사들이 그런 사람들입니다. 난민들을 돕는 구호팀의 일원이 되어 온갖 질병이 창궐하는 곳으로 들어가는 사람들도 있습니다. 선진 문물이 필요한 사람들을 위해 교육, 과학, 의료 등 자신의 기술을 대가없이 사용하는 사람들도 있습니다. 불의하고 부정한 세상을 변화시키기 위해 불길 속으로 들어가는 사람들도 있습니다. 이들은 편하게 살 수 있음에도 불구하고 사람이라면 누구나 가지고 있는 안전에 대한 본성을 거슬러서 불편하고 위험한 곳으로 들어가는 것입니다.

편한 곳을 찾아서 가는 사람들이나 힘든 곳을 향해 나아가는 사람들이나 나름대로의 사정과 판단이 있을 수 있습니다. 그러므로 어느 것이 더 낫다는 절대적인 판단을 내리는 것은 섣부른 것일 수 있습니다. 그러나 적어도 본성을 거슬러서 문제 많고 불편한 곳을 향해 나아가는 사람들이 세상이 부르는 소명에 응답한다는 의식이 강하다는 점은 사실일 것입니다. 이들에게 세상의 문제는 도망가라는 신호가 아니라 자신들을 부르는 손짓으로 보입니다. 이들에게 세상의 문제는 시선을 돌리게 하는 끔찍한 것으로 그치지 않고 그들의 에너지를 쏟아부을 좋은 대상으로 보입니다.

그리스도인들은 하나님의 부르심을 받은 자임과 동시에 하나님

에 의해 세상으로 파송을 받은 사람이기도 합니다. 하나님은 우리를 불러서 자신의 자녀로 삼으시고 하늘에 속한 유산을 주셨습니다. 그러나 그 부르심은 우리를 세상과 그 속에 있는 문제들로부터 떠나서 초연한 삶을 살게 하기 위한 것은 아닙니다. 오히려 하나님은 우리를 세상 속으로 다시 보냅니다. 문제가 많고 할 일 많은 세상으로 다시 보냅니다.

예수님은 문제 많은 세상으로 일부러 들어와 십자가를 지시고 '평화'를 이루셨습니다. 그렇게 할 필요가 없었음에도 불구하고 말이죠. 그리고 자기를 따르는 자들에게 이렇게 말씀하셨습니다. "아버지께서 나를 보내신 것 같이, 나도 너희를 보낸다."(요 20:21)

예수님은 우리를 세상의 문제를 떠나 초연한 삶을 살 수 있는 수도원으로 보내지 않았습니다. 우리를 이 세상에서 가장 살기 좋은 곳으로 인도하지도 않았습니다. 우리를 천사들과 같은 사람들이 있는 이상적인 교회로 보내지 않았습니다. 더욱이 우리를 모든 사람이 꿈꾸는 낙원인 하나님의 나라로 바로 데리고 가지도 않았습니다.

오히려 그 분은 우리를 자신을 대신하여 문제 많은 세상으로 보내셨습니다. 정말로 할 일이 많은 곳으로.

우리에게는 '부르심을 받은 자'와 '보내심을 받은 자'라는 두 가지의 정체성이 있습니다. 하나님의 사랑과 은혜로 부르심을 받아 하나님의 자녀가 된 자는 오히려 담대하게 문제가 많은 세상으로 들어갑니다.

"세상에는 왜 이리도 문제가 많은가?" "부정과 불의와 궁핍과 가난과 전쟁과 싸움과 술수와 착취가 왜 이리도 끊이지 않는가?" 라는 생각이 든다면, 그것은 하나님께서 우리를 보내시는 파송의 나팔소리를 들은 것으로 생각해야 합니다. 문제 가운데로 보내시는 하나님의 권면의 소리를 들은 것입니다.

그럴 때에는 우리의 귀를 막지 말아야 합니다. 못 들은 척 하지 말아야 합니다. 내가 아니라 다른 사람을 부르는 소리라고 애써 외면하지도 말아야 합니다.


"쿼바디스 도미네(Quovadis Domine, 주여 어디로 가시나이까)?" 하고 묻는 베드로의 질문에 "네가 버리고 떠난 문제투성이 로마로 다시 들어간다"고 주님께서 대답하셨다는 전설은 오늘날에도 실제로 우리의 삶의 현장에서 끊임없이 들려져야 합니다. 그럴 때에 그 현장에서 새롭게 창조하시는 하나님의 영의 움직임이 보일 것입니다. 고통이 즐거움으로, 슬픔이 기쁨으로, 절망이 희망으로, 어둠이 빛으로, 거짓이 진리로, 다툼이 사랑으로 그리고 죽음이 생명으로 변화되는 진짜 기적이!

하나님께 쓰임받기를 원합니까? 하나님의 동역자가 되어 함께 일하는 체험을 하기를 원합니까? 그렇다면 문제 속으로 들어가십시오. 그 속에서 오늘도 일하고 계시는 하나님을 만날 수 있을 것입니다.

초판인쇄 | 2006년 8월 25일
초판발행 | 2006년 8월 31일

지은이 | 김형원
펴낸이 | 심만수
펴낸곳 | (주)살림출판사
출판등록 | 1989년 11월 1일 제9-210호

주소 | 413-756 경기도 파주시 교하읍 문발리 파주출판도시 522-2
전화 | 영업 031)955-1350  기획·편집 031)955-1365
팩스 | 031)955-1355
e-mail | salleem@chol.com
홈페이지 | http://www.sallimbooks.com

ISBN   89-522-0545-6  03230



값 8,500원

ⓐ 2샤비 816